KB162745

왜
고종 황제는
폐위되었을까?

교과서 속 역사 이야기, 법정에 서다

50 역사공화국 한국사법정

고종 황제 vs 이토 히로부미

왜 고종 황제는 폐위되었을까?

글 이계형 | 그림 조환철

㈜자음과모음

　"왜 고종 황제는 폐위되었을까?" 출판사로부터 원고 청탁을 받았을 때만 해도 쉽게 생각했습니다. 내가 전공한 분야이고 여러 편의 연구 논문을 발표했기 때문이지요. 하지만 자만이었습니다. 이제껏 연구 논문을 작성하던 것과는 완전히 다른 서술 방식에 막막할 수밖에 없었습니다. 영혼 재판이 그렇고, 시공간을 뛰어넘어 서로 간의 논쟁을 통해 역사적인 진실을 찾아가는 방법이 흥미로우면서도 쉽지 않았어요. 학생들을 대상으로 역사적인 이야기를 쉽고 재미있게 이끌어 가는 것도 또 하나의 과제였습니다.

　어려울수록 돌아가라고 했으니 차근차근 하나씩 풀어 나가는 것이 순서일 것이라 여겼습니다. 고종 황제가 자리에서 물러나야 했으니 분명히 고종 황제가 원고가 될 것이고, 피고는 이토 히로부미가 되어야 마땅했습니다. 러일 전쟁 이후 이토 히로부미는 일본의 한국 침략에 맨 앞장을 섰던 인물이고 그 상대는 바로 고종 황제였으니, 둘 간의 앙금을 풀어 나가면서 내 숙제 또한 풀어 나가고자 했습니다.

시기는 1904년 2월 러일 전쟁 전후부터 1907년 7월 고종 황제가 퇴위당할 때까지로 한정하였습니다. 그리고 시간대별로 목차의 주제를 잡았습니다. 역사를 이해하는 데 있어 가장 쉬운 방법이라 여겼기 때문이지요. 그리고 그중에서 을사조약이 체결되는 과정과 고종 황제가 폐위되는 데 결정적인 영향을 미친 헤이그 특사 사건의 경우보다 치밀하게 과정 하나하나를 기술하였습니다.

일본은 약소국인 한국을 서구 열강으로부터 '보호'한 거라고 주장하지만, 이는 한국을 침략하기 위한 명분에 불과했습니다. 한국은 비록 일본보다 뒤늦게 개항하였지만, 엄연한 자주 독립 국가로서 세계 여러 나라와 교류하면서 근대 국가로 나아가고 있었습니다. 그런데 당시 서구 열강이 아프리카 등을 식민지로 만드는 것을 지켜본 일본이, 이를 흉내 내어 한국을 식민지로 만들려는 야욕을 드러낸 것에 불과했지요.

이에 나는 일제의 한국 침략이 부당하다는 입장에서 고종 황제와 이토 히로부미 추밀원 의장을 대립시키고 쟁점 사항을 중심으로 당시의 역사를 풀어 나가고자 했습니다. 일본의 부당한 한국 침략에 맞서 국권을 지키고자 했던 고종 황제를 비롯하여, 일제의 탄압에 희생당한 수많은 의병들, 을사조약 당시 자결 순국으로 백성들의 '충군애국' 정신을 드높이고자 했던 인물을 증인으로 등장시키고,

이토 히로부미 주변에서 그를 도왔던 친일파들을 적절히 내세웠어요. 그리고 중간중간 짧은 역사 이야기를 실어 당시의 분위기를 느끼도록 했습니다.

이 글의 시대적인 배경은 1904년부터 1907년까지로 대한 제국이 일본에 의해 망해 가던 시기입니다. 결코 자랑할 만한 역사도 아니지만, 감춰야 하는 역사는 더더욱 아니지요. 이 또한 우리 역사의 한 페이지이기 때문입니다. 역사는 현재를 살아가는 사람들의 거울이라고 하지요. 약소국이었던 대한 제국이 일본의 침략에 허무하게 무너졌지만, 국권을 회복하기 위해 기꺼이 희생한 분들을 생각하는 시간이 되었으면 합니다. 아울러 지금의 대한민국이 세계 여러 나라와 어깨를 나란히 할 수 있는 나라로 성장, 발전해 나가기를 바라는 마음으로 이 글을 맺고자 합니다.

북악골에서 이계형

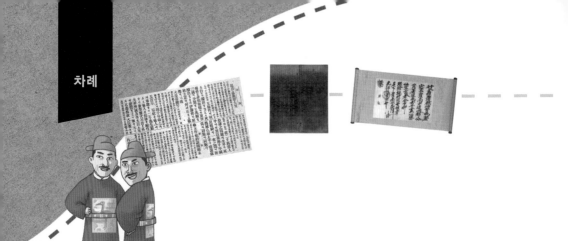

차례

국호를 대한 제국으로 바꾼 고종은 나라의 자주성을 확보하고 근대 국가로 발전시키기 위해 여러 가지 개혁을 추진했다. 대한 제국의 개혁은 이러한 노력으로 이루어진 것이나, 정부 관리들 중에는 개혁을 반대하는 사람도 적지 않았다.

중학교

역사

VIII. 주권 수호 운동의 전개
  1. 독립 협회와 대한 제국
    3) 대한 제국이 자주 국가를 만들기 위해 기울인 노력은?
      – 광무개혁

VIII. 주권 수호 운동의 전개
  2. 일제의 침략과 의병 전쟁
    2) 우리 민족은 을사조약에 어떻게 저항하였는가?
      – 을사조약 반대 투쟁

러시아와의 전쟁에서 승리한 일본은 우리나라에 대한 침략을 본격화했고 강제로 을사조약을 체결했다. 일본에 의해 강제로 맺어진 을사조약의 무효를 주장하며 우리나라 곳곳에서 의병이 일어났다.

아관 파천 이후 고종이 경운궁으로 환궁하자, 정부 관리들은 "황제가 없으면 독립도 없다"고 주장했다. 이에 고종은 황제 즉위식을 거행하고 대한 제국을 수립, 선포했다.

고등학교　한국사

V. 근대 국가 수립 운동과 일본 제국주의의 침략
　3. 근대 국가를 수립하기 위해 노력하다
　　3-3 대한 제국, 황제권을 강화하여 국권을 공고히 하겠다

V. 근대 국가 수립 운동과 일본 제국주의의 침략
　4. 국권 수호 운동을 전개하다
　　4-1 근대 국가 수립을 가로막은 일제의 침략

일본은 고종과 정부 대신들의 강력한 반대에도 불구하고 을사오적을 앞세워 조약 성립을 일방적으로 공포했다. 이 '을사조약'으로 대한 제국의 외교권은 강탈되었고, 이토 히로부미를 앞세운 일본이 내정과 외교를 장악하게 되었다.

1884년	청·프 전쟁
1885년	청·일 톈진 조약 체결
1887년	프랑스령 인도차이나 성립
1889년	일본, 메이지 헌법 공포
1894년	청·일 전쟁
1896년	제1회 올림픽 대회
1898년	청, 변법자강 운동
	파쇼다 사건
	퀴리 부부, 라듐 발견
1899년	헤이그 만국 평화 회의
	청, 의화단 운동
1902년	영·일 동맹
1904년	러·일 전쟁

원고 **고종 황제(1852년~1919년)**

나는 조선의 제26대 왕으로, 연호를 광무로, 국호를 대한 제국으로 바꾸고 황제가 되어 강력한 개혁 정치를 펼치고자 했습니다. 비록 을사조약이 체결되어 외교권을 빼앗기고 자리에서 물러나야 했지만 외세의 침략에 대응하여 끝까지 포기하지 않고 나라를 지키고자 노력했답니다.

원고 측 변호사 **김딴지**

지상 세계에서도 유능한 변호사였고, 역사공화국에서도 큰 활약을 하고 있는 김딴지입니다. 평소 고종 황제에 대한 존경심이 남달랐기 때문에 이번 재판에서는 반드시 승리하도록 하겠습니다.

원고 측 증인 **박용화**

일본 유학생 출신으로 주로 일본과의 외교를 담당한 관리였던 박용화입니다. 을사조약 당시 친일파로 지목되어 암살을 당했지요. 하지만 고종 황제에 대해 다시금 신의를 저버리지 않기 위해서 증인으로 섰습니다.

원고 측 증인 **박제순**

외교 업무에 정통하여 외국과의 각종 통상 조약을 체결했던 박제순입니다. 1905년 외부대신이 되어 을사조약을 책임졌지요.

원고 측 증인 **나정보(가상 인물)**

독립 협회 회원으로 활동했던 나정보입니다. 협회가 해산된 뒤에는 그 경험을 살려 국제 평화 단체에서 봉사 활동도 했지요.

원고 측 증인 **한규설**

나는 무관 출신으로 의정부 참정대신으로 활동했으며 을사조약을 강력하게 반대했지요. 고종 황제의 신임이 두터웠던 만큼 이번 재판에서도 진실을 파헤치는 데 일조하겠습니다.

원고 측 증인 **민영환**

나는 명성 황후와 친정 조카뻘 되는 사이로 고종 황제의 두터운 신임을 받았어요. 나라를 빼앗긴 슬픔으로 2천만 동포에게 유서를 남기고 자결했지요.

피고 이토 히로부미(1841년~1909년)

일본의 대표적인 정치가로 일본 근대화를 이끌고 최고 실력자로 자리 잡았지요. 아시아 진출에 앞장서서 많은 공로를 세웠는데 대한 제국과 맺은 을사조약이 문제가 된다고 하니 이해가 되지 않는군요.

피고 측 변호사 나카무라

을사조약은 조선 대신들의 합의에 의해서 이루어진 것입니다. 조선의 근대화를 위해 노력했던 일본의 입장을 제대로 알리겠습니다.

피고 측 증인 이지용

나는 왕족 출신으로 3년여 동안 주일 전권 공사를 지내면서 일본과 남다른 인연을 가지게 되었습니다. 러일 전쟁 중에 외부대신 서리로 활동하면서 적극적으로 친일파의 길로 들어섰지요.

피고 측 증인 고쿠부 서기관

일찍이 한국어를 배워 외교관의 길을 걷게 되었고 이토 히로부미의 통역자로 활동했습니다. 당시의 상황이 어땠는지 제대로 밝혀 줄 사람은 나밖에 없는 것 같군요.

피고 측 증인 하야시 곤스케

1889년부터 줄곧 한국 외교를 담당해 왔고 1899년 주한 일본 공사에 부임한 뒤에는 7년 동안 한국에 일본 세력을 심는 데 온 힘을 기울였습니다. 러일 전쟁 이후 한일 외교 문제를 잘 해결해서 능력을 인정받기도 했지요.

피고 측 증인 이완용

나는 육영 공원에서 영어와 신학문을 공부한 뒤 주미 외교관으로 활동하면서 구미파로 통했습니다. 한때 독립 협회에 가담했는데 외부대신으로 각종 이권을 열강에 넘겨줘 제명되기도 했고, 친일파로 변신해 을사조약 체결에 앞장선 뒤에는 나라를 팔아먹었다고 손가락질받았지요. 흠흠.

판사 공정한

역사공화국의 명판사 공정한입니다. 이번 사안은 양국에 아주 민감한 부분인 만큼 공정하게 판결하도록 노력하겠습니다.

"내가 왕의 자리에서 물러나야 했던 이유를 밝히겠소!"

김딴지 변호사는 대한 제국 시절부터 변호사로 활약하며 남다른 자부심을 가지고 있었다. 그래서인지 역사공화국에 와서 다양한 역사 사건에 관심을 가지고 활발하게 활동하면서도 항상 마음 한구석에는 고종 황제에 대한 존경과 그리움이 자리하고 있었다. 그는 이따금 사무실 창가에 비치는 석양의 노을빛을 바라보며 덕수궁의 중명전에 머물고 있는 고종 황제를 떠올리곤 하였다. 고종 황제를 한번 찾아뵈어야겠다는 생각이 들곤 하지만 그때뿐이었다.

그러던 차에 고종 황제를 옆에서 모시던 내시로부터 전갈이 왔다. 고종 황제가 급히 찾는다는 것이었다. 김딴지 변호사는 가방을 대충 챙긴 뒤 잰걸음으로 사무실을 나와 고종 황제가 거처하는 중명전으로 향했다.

해가 뉘엿뉘엿 저물고 있지만 한낮에 후끈 달아오른 아스팔트 열기는 아직 그대로다. 턱까지 차오르는 숨을 가쁘게 몰아쉬고 이마에 흐르는 땀을 연거푸 닦으며 내시 뒤를 따라 덕수궁의 동쪽 문인 대한문을 들어섰다. 내시가 없었더라면 신분증 검사하느라 시간이 걸렸겠지만 무사통과다. 대단한 지위라도 되는 양 내시의 어깨에 잔뜩 힘이 들어가 있다.

"폐하, 김딴지 변호사를 불러왔습니다."

내시가 아뢰었으나 방 안에서는 아무런 기척이 없다. 잠시 머뭇거리던 내시는 방으로 들어가 직접 아뢴 뒤에야 들라고 한다. 열대야로 견디기 힘들 정도인데도, 고종 황제는 방문을 닫고는 에어컨도 켜지 않고 미동도 하지 않은 채 깊은 생각에 잠겨 있었다. 한참을 기다린 뒤에야 고종 황제가 무겁게 입을 열었다.

"내가 그대를 부른 이유를 알겠소?"

대뜸 고종 황제가 물었다.

"오랫동안 생각해 봤소. 내가 황제의 자리에서 쫓겨나 뒷방 늙은이처럼 지낸 지 100여 년이 흘렀는데도, 훗날 역사에 뭐라 기록될지를 생각하면 잠을 이룰 수가 없소. 지금도 수군거리는 소리가 적지 않다는 것도 알고 있소. 내가 지금 무엇을 어떻게 해야 할지, 그대의 생각을 듣고 싶어 불렀소."

고종 황제의 떨리는 목소리에서 비장함이 느껴졌다. 곰곰이 생각하던 김딴지 변호사는 역사공화국의 한국사법정 재판을 조심스레 제안했다.

"폐하, 혹 역사공화국의 영혼 재판에 대해 들어 보신 적이 있으십니까?"

"나도 흥미롭게 재판 결과를 지켜보곤 하오."

"폐하께서 이토 히로부미를 상대로 소송을 제기하는 것이 어떨지요? 이토 히로부미는 폐하로부터 모든 것을 빼앗아 간 인물이 아닙니까?"

고종 황제는 '이토 히로부미' 이름만 듣고도 낯빛이 붉어졌다. 지

왜 고종 황제는 폐위되었을까?

난날의 감정이 되살아나는 듯했다.

"나도 언젠가는 이토 히로부미를 만나 따지려 했지. 이번 기회에 이토 히로부미의 죄를 만천하에 밝혀 내 응어리진 마음을 풀어야겠소."

고종 황제가 김딴지 변호사의 제안에 흔쾌히 응하였다.

김딴지 변호사는 고종 황제에게 인사를 드린 뒤 급히 사무실로 돌아왔다. 고종 황제의 짐을 조금이라도 덜어 드릴 수 있게 되었다는 생각에 흥분을 가라앉힐 수 없었다.

김딴지 변호사가 국제 재판소에 소장을 제출한다는 소식이 역사공화국에 빠르게 퍼졌다. 이토 히로부미에게 소장이 전달되고 답변서가 들어오는 데 1~2개월 걸리고 그 이후에 재판이 진행되기 때문에 준비할 시간이 넉넉하지 않았다. 이토 히로부미는 일본 내각 총리대신에 네 번이나 오르고 추밀원·귀족원 의장을 지낸 거물인 만큼 재판에 대해 철저히 준비하지 않으면 안 되었다. 더욱이 일본인들로부터 존경을 받는 인물 중 한 사람인지라, 김딴지 변호사는 부담이 크지 않을 수 없었다.

이를 아는지, 고종 황제가 김딴지 변호사에게 전화를 걸어 소송에서 이길 자신이 있느냐고 물었다. 내심 걱정하는 눈치였다. 마음의 부담은 크지만 이번 사건만큼은 꼭 승리하겠다고 다짐하며 김딴지 변호사는 씩씩하게 대답했다.

"걱정 마십시오! 폐하의 억울함을 반드시 풀어 드리겠습니다."

대한 제국 건립에서 을사조약까지

 고종은 일본의 감시와 위협을 피해 러시아 공사관으로 피신하였다가 1년 뒤 궁으로 돌아옵니다. 그리고 나라 이름을 '대한 제국'으로, 연호를 '광무'로 정하고 자주 국가의 모습을 갖추기 위해 노력하였지요. 회사와 공장을 설립하여 나라의 경제를 부강하게 하고, 학교들을 세워 인재를 양성하고자 하였지요. 이러한 근대적 개혁을 통틀어 '광무개혁'이라고 부릅니다.

 한편 '러일 전쟁'에서 승리한 일본은 러시아와 '러시아는 일본이 대한 제국을 간섭하는 것을 인정한다'는 내용이 담긴 '포츠머스 조약'을 체결하게 됩니다. 이로써 일본은 대한 제국을 차지하는 데 걸림돌이 되는 외부 세력을 제거하게 된 것이지요. 이후 일본과 미국 사이에는 '일본이 대한 제국을 보호하고 미국이 필리핀을 보호하는 것을 서로 인정한다'는 내용의 '가쓰라-태프트 밀약'이 체결됩니다. 이것은 국제 사회에서 일본이 대한 제국에 대한 지배권을 갖는다는 것을 완전히 인정하는 내용이라 할 수 있습니다.

 이렇게 기세등등해진 일본은 대한 제국의 외교권을 빼앗는 조약을 맺고자 하였습니다. 이에 고종 황제를 비롯하여 많은 정부 관리들이 반대 의사를 밝혔지만 1905년 11월 일본은 강제로 대한 제국과 '을사조약'을 맺게 됩니다. 을사조약에 서명한 외부대신 박제순, 내부대신 이지용, 군부대신 이근택, 학부대신 이완용, 농상공부대신 권중현을 가리켜 '을사오적'이라고 부릅니다.

　이후 나라 안에서는 을사조약의 무효를 주장하는 민족의 움직임이 거세게 일어납니다. 당시 고종의 호위 책임자였던 민영환은 자결로 자신의 뜻을 밝혔고, 장지연은 『황성신문』에 「시일야방성대곡」이라는 논설을 실어 일제의 행동을 비판하고 민족의 슬픔을 담기도 했답니다.

| 원고 | 고종 황제 | 대리인 | 김딴지 변호사 |
| 피고 | 이토 히로부미 | 대리인 | 나카무라 변호사 |

청구 내용

내가 왕의 자리에 올랐을 때 우리보다 조금 일찍 개항하여 근대 문물을 받아들인 이웃나라 일본은 우리나라를 업신여겨 시도 때도 없이 정치에 간섭하고 침탈하려 했습니다. 심지어는 나의 아내인 명성 황후를 시해하는 만행까지 서슴지 않았습니다.

나는 대한 제국을 세우고 자주적이고 근대적인 독립 국가를 만들고자 많은 일을 적극 추진했습니다. 우선 군사력을 강화시켰고, 양전 사업을 적극 추진하였으며, 정부가 적극 나서서 제조 공장을 설립하거나 민간 제조 회사의 설립을 지원함으로써 경제 활성화를 꾀했습니다. 아울러 해외에 유학생을 파견하고 기술 교육 기관을 설립하여 근대적 기술을 습득하도록 했습니다. 호적제를 실시했고, 억울한 백성들을 위해 순회 재판소를 설치했으며, 종합 병원인 제중원, 구휼 기관인 혜민원을 설립하였습니다. 또한 서울·인천·평양·개성에 전화를 개설했고, 경인선·경부선·경의선을 건설했으며, 경성에 화력 발전소를 세워 거리를 밝혔고, 일본의 도쿄보다도 먼저 전차를 운행시켰습니다.

그 무렵 일본이 자신들의 욕심을 채우려고 러일 전쟁을 일으킬 것 같아, 나는 대한 제국은 중립을 지킨다고 선언했습니다. 그럼에도 불구하고 일본은 러시아를 침략해 전쟁에서 승리하자 본격적으로 우리 나라를 식민지로 만들고자 했습니다. 내가 의욕적으로 추진하던 많은 개혁들을 짓밟고는 한국의 대신들을 꼬드겨 강제로 을사조약을 체결하더니 결국 나까지 황제의 자리에서 쫓아냈습니다.

　나는 이에 한국 침략의 원흉인 이토 히로부미를 국제법 위반과 명예 훼손죄로 고소하고 손해 배상을 청구하는 한편 을사조약 무효와 나의 폐위가 잘못되었음을 인정받고자 합니다.

입증 자료

- 중학교 역사 교과서
- 고등학교 한국사 교과서
　그 외 자료 추후 제출하겠음.

위 청구인 고종 황제
역사공화국 한국사법정 귀중

대한 제국의 중립화 선언

1. 고종 황제, 중립화를 선언하다
2. 한일 의정서를 체결하다

1

고종 황제,
중립화를 선언하다

역사공화국 한국사법정은 발 디딜 틈 없이 꽉 찼다. 한국과 일본 뿐 아니라 각국의 기자들이 자리를 지키고 있었다. 연일 신문 지상에 세기의 재판이 진행될 것이라고 보도되었고, 고종 황제와 이토 히로부미에 관련한 역사가들의 TV 대담 프로그램이 사람들의 관심을 끌었다. 법정은 열기로 후끈 달구어졌고, 재판이 시작되기를 기다리는 동안 긴장감마저 감돌았다.

판사   지금부터 원고 고종 황제와 피고 이토 히로부미에 대한 첫 번째 재판을 개정합니다. 원고 측 변호인은 소송 내용을 간략히 설명해 주세요.

김딴지 변호사   존경하는 판사님! 한국과 일본은 가깝고도 먼 나라라고들 합니다. 왜 그럴까요? 누구에게 책임을 물어야 할까요? 일본은 걸핏하면 교과서를 왜곡하고 독도를 자기네 땅이라 우기며 한국을 자극합니다. 또한 **태평양 전쟁** 당시 일본은 한국인들을 강제로 탄광으로, 전쟁터로 내몰고 어린 소녀들을 속여 일본군 위안부로 끌고 갔음에도 반성은 커녕 한국 침략에 대한 진정 어린 사과 한마디 없습니다. 고종 황제가 우리나라 침략의 원흉인 이토 히로부미를 상대로 소송을 제기한 것은, 일본의 잘못을 세상에 밝히고 역사적으로 왜곡된 점을 바로잡고자 하는 것입니다.

나카무라 변호사   판사님, 이의 있습니다. 지금 원고 측 변호인은 소장에도 없는 교과서 왜곡이니 독도 문제 등을 얘기하고 있습니다. 이는 피고와는 관련 없는 일이니 주의를 주시기 바랍니다.

판사   원고 측 변호인은 소장과 관련된 것만 변론하시기 바랍니다.

김딴지 변호사   네, 전혀 관계가 없다고 할 수는 없지만요. 계속 변론하겠습니다. 한국과 일본은 임진왜란 이후 평화로운 관계를 유지했습니다. 한국은 일본에 **통신사**를 파견해 문화를 전해 주었고, 그에 대해 일본은 무한한 감사를 표하였습니다.

그러다 19세기 중반 일찍이 개항한 일본은 적극적으로 서구 문물을 받아들여 근대화의 길로 들어섰습니다. ▶그 뒤 일본은 청일 전쟁과 10여 년 후 러일 전쟁에서 승리하면서 국제 사회에서 두각을 나타내기 시작했어요. 두 번의 전쟁에서 승리한 일본은 한국 침략을 본격화하기 시작했

태평양 전쟁
1941~1945년까지 일본과 연합국 사이에 벌어진 전쟁으로 제2차 세계 대전의 일부에 속합니다. 일본의 진주만 기습으로 시작되어 일본의 무조건 항복으로 끝났지요.

통신사
조선 시대에 조선 국왕의 이름으로 일본의 막부 장군에게 보낸 공식적인 외교 사절을 가리킵니다.

교과서에는

▶ 농민군이 봉기했을 당시 일본군이 조선에 들어옵니다. 그런데 일본군은 농민군이 해산한 뒤에도 철수를 거부하고 오히려 궁궐을 침범하여 청일 전쟁을 일으키지요.

습니다. 은혜를 원수로 갚은 격이지요. 힘이 약하다고 하여 다른 나라를 침략하는 것은 옳지 않습니다.

러일 전쟁 이전에 고종 황제가 대한 제국의 중립화를 선언했는데, 일본은 이를 무시하고 침입해 옴으로써 국제법을 위반했습니다. 또한 러일 전쟁 이후 대한 제국을 소위 '보호국화'한다며 고종 황제의 반대에도 불구하고 강제로 체결한 을사조약은 '무효'이며, 헤이그에 특사를 파견하여 국권을 회복하고자 한 고종 황제를 이 을사조약을 위반했다는 이유로 폐위한 것은 부당하다는 입장에서, 이를 주도했던 이토 히로부미를 고소하게 되었습니다.

판사 좋습니다. 원고 측 변호인이 소장을 낸 이유를 세 가지로 요약해 주었습니다. 이에 대해 피고 측 변호인의 변론을 듣도록 하겠습니다.

나카무라 변호사 존경하는 판사님, 이번 재판은 참으로 어처구니없는 일입니다. 이토 히로부미 추밀원 의장이 얼마나 서구 열강으로부터 한국을 보호하려고 애를 썼고 한국을 위해 열심히 일했는지를 모르고 하는 말입니다. 한국인들은 일본의 보호 통치를 받으며 편안하게 잘 지냈는데, 원고 측에서는 이를 억지로 문제 삼아 한국과 일본 간에 분란을 키우고 있습니다. 이토 히로부미 의장은 한국이나 고종 황제에 대해 아무런 해를 끼치지 않았고, 오히려 60대의 노구를 이끌고 한국에 건너와 자신의 경험을 최대한 살려 서구 열강으로부터 보호해 주기 위해 애를 썼습니다. 이러한 분을 소송한 것은 배은망덕한 일이라 생각합니다.

판사 　양측 변호사들이 각자 자기 나라의 명예를 걸고 변호를 하는 만큼 매우 진지합니다. 나 또한 역사공화국 한국사법정의 판사로서 무거운 책임감을 느낍니다. 이제 본격적으로 양측 변호인들의 변론을 듣도록 하겠습니다. 먼저 원고 측부터 변론해 주십시오.

맹주
동맹을 맺은 개인이나 단체의 우두머리를 가리키는 말입니다.

김딴지 변호사 　판사님! 피고 측 변호인은 피고가 한국을 보호하려고 애썼다고 하지만, 일고의 가치도 없는 소리입니다. 피고가 일본에서는 추앙받는 정치인이라는 점을 인정합니다만, 한국인들에게는 침략의 원흉에 불과합니다.

나카무라 변호사 　판사님! 이의 있습니다. 원고 측 변호인은 확실한 증거도 없이 피고를 욕보이고 있습니다.

김딴지 변호사 　피고를 욕보이고자 한 것이 아닙니다. 역사적인 사실을 말했을 뿐입니다. 판사님! 원고와 피고 간의 관계를 밝히기 위해 피고인 이토 히로부미를 신문할 수 있도록 허락해 주십시오.

판사 　재판 첫날부터 신경전이 대단합니다. 피고 이토 히로부미의 신문을 허락합니다. 피고는 나와서 선서하세요.

이토 히로부미 　선서. 나 이토 히로부미는 본 법정에서 양심에 따라 숨기거나 보태지 아니하고 사실 그대로 말하며, 만일 거짓말을 하면 벌을 받기로 맹세합니다.

김딴지 변호사 　먼저 일본은 동양의 **맹주**라고 자부하

을사조약을 강요하고 고종 황제를 강제로 퇴위시킨 이토 히로부미

지만 도덕적으로는 형편없다는 점을 말씀드리고자 합니다. 국가 간의 약속은 그 어느 것보다 소중합니다. 그런데 일본은 조선과 조약을 체결하면서 단 한 번이라도 진심 어린 마음을 가졌었는지 가슴에 손을 얹고 스스로에게 물어 보시기 바랍니다.

이토 히로부미　　원고 측 변호인은 너무 장황하게 말씀하지 마시고 본론만 말씀하세요. 일본이 도대체 뭘 그리도 잘못했기에 그런 악담을 하는지 들어 봅시다.

김딴지 변호사　　어디 한두 가지라야 말이지요. 먼저 1876년 2월에 일본은 조선과 강화도 조약을 체결할 때, 제일 먼저 "조선은 자주국으로서 일본과 평등한 권리를 가진다"고 명시했습니다. 이는 동등한 예의로써 서로를 대우하고, 조금이라도 상대방의 권리를 침범하지 않겠다는 약속입니다. 또한 피고가 총리대신으로 재직하던 1895년에는 청일 전쟁이 끝난 뒤 청나라와 조약을 체결하면서, 일본은 다시금 "조선국의 독립과 자주를 두 나라가 분명히 인정하며 조금이라도 침범해서는 안 된다"고 했습니다. 그런데 일본은 1904년 러일 전쟁을 앞두고 이런 약속을 허공의 먼지만큼도 여기지 않고 헌 짚신 버리듯 했습니다. 피고는 이러한 사실을 어떻게 생각합니까?

이토 히로부미　　일본은 될 수 있는 한 한국이 독립하기를 바랐습니다. 그런데 한국은 끝내 독립할 능력이 없었고, 만약 한국이 외세의 손에 넘어가면 일본이 위태롭게 되는 것은 불을 보듯 뻔했습니다. 일본이 많은 희생을 치르면서 굳이 청일 전쟁과 러일 전쟁을 치렀던 것은, 우리 일본을 지키고 약소국이었던 한국을 보호하기 위한 불가

피한 선택이었습니다. 그런데도 한국은 일본에 대해 무비판적으로 잘못했다고 운운하면서 우리 일본을 파렴치한 무리라고 매도하고 있습니다. 일본의 진정성을 알아주셨으면 하는 바람입니다.

김딴지 변호사　　피고는 당시 한국이 독립할 능력이 없었다고 하지만, 그것은 피고의 생각일 뿐입니다. 한국은 5000여 년의 역사를 가진 나라로, 숱한 외세의 침략에도 불구하고 결코 다른 나라에 국권을 빼앗기지 않고 독립된 국가를 유지해 왔습니다.

▶그런데 일본은 조선을 강제로 개항시킨 뒤에 호시탐탐 우리나라를 차지하려고 기회만을 엿보았습니다. 동학 농민 운동이 일어났을 때에도, 농민군을 진압할 목적으로 조선에서 청나라에 지원군을 요청했는데, 일본은 이를 빌미로 동학 농민군을 진압한다며 일본군을 조선에 보내 국왕이 머물던 경복궁을 침범하는가 하면, 우리나라 땅에서 청일 전쟁을 벌였습니다. 그뿐만이 아닙니다. ▶▶1895년에는 일본의 낭인들이 조선의 국모인 명성 황후를 시해하고 불태우는 만행을 저질렀습니다.

고종 황제　　나는 지금도 그때만 생각하면 화가 치밀어 올라 잠을 잘 수가 없소. 그 사건이 일어난 뒤에는 수면 안대를 하고 수면제를 먹어야 겨우 잠을 이룰 수 있었단 말이오. 오죽했으면 내가 추운 겨울날 새벽에 궁궐을 빠져나와 러시아 공사관으로 옮겨 갔겠습니까?

김딴지 변호사　　고종 황제는 그때의 충격을 떨치지 못하고, 지금도 밤이 무서워 낮밤을 바꿔 생활하고 있습니다.

교과서에는

▶ 일본은 조선에 통상을 강요하기 위하여 1875년 '운요호 사건'을 일으켰고, 이 사건을 구실로 통상 조약을 강요하였습니다.

▶▶ 일본은 일본인 불량배들을 동원하여 궁궐에 침입해서 조선 침략에 방해가 되는 명성 황후를 시해하였습니다.

명성 황후의 초상화

옥호루는 명성 황후가 시해당한 곳이다.

어찌 명성 황후 시해가 한국을 지켜 주기 위한 것이었다고 할 수 있 겠습니까? 한국을 차지하려는 일본의 욕심으로밖에 볼 수 없습니다. 남이 하면 잘못이고 자기가 하면 아주 잘한 일이라고 생각하는 것 같습니다. 그런데 이러한 모든 일이 피고와 직간접적으로 연관된 사 건들이라는 것을 밝혀 둡니다.

나카무라 변호사　　판사님, 원고 측 변호인은 구체적인 증거 없이 피 고를 조선의 국모를 시해한 파렴치범으로 몰아가고 있습니다. 발언 취소를 요청합니다.

판사　　원고 측 변호인은 이를 증빙할 자료가 있습니까?

김딴지 변호사　　네. 명성 황후의 시해에 가담한 사람들은 당시 총리 대신이었던 피고를 비롯하여 전임 조선 공사인 이노우에 가오루, 그 후임인 미우라 고로 등 세 명이었습니다. 이들은 모두 조슈번 출신

으로 메이지 유신에 참여해 출세한 인물들로서 동지이자
정치적 동반자들이었습니다.

김딴지 변호사는 이와 관련한 증거 자료로 최문형 교수
의 『한국을 둘러싼 제국주의 열강의 각축』이란 책을 제출
하였다.

판사   일본이 왜 조선의 국모인 명성 황후를 시해했습니
까?

김딴지 변호사   잠시 그때의 상황을 설명해 드리겠습니
다. 당시 일본은 청일 전쟁에서 승리하여 그 대가로 요동
반도를 얻게 되었습니다. 그런데 일본의 만주 진출을 꺼렸던 러시아
가 독일, 프랑스 등과 힘을 합쳐 이를 청나라에 돌려주게끔 했습니
다. 당시만 해도 힘이 약했던 일본은 눈물을 머금고 그 요구에 따를
수밖에 없었습니다. 이후 일본은 러시아에 대한 복수 혈전을 꿈꾸게
되는데, 명성 황후가 힘이 센 러시아 편으로 돌아서자 '여우 사냥 작
전'으로 그를 시해하였던 것입니다.

판사   일본이 아주 못된 짓을 저질렀군요. 혹여 일본 측이 사과라
든가 유감을 표명한 적이 있습니까?

김딴지 변호사   아니요. 일본 측은 잘못을 저질러 놓고도 단 한 번
도 진심 어린 사과를 한 적이 없습니다.

나카무라 변호사   판사님! 명성 황후 시해 사건과 관련해서는 이미

조슈번
에도 시대 4,5위 안에 드는 경
제력과 군사력을 갖춘 큰 번으
로 서양 세력을 배척하며 막부
와 갈등을 빚었습니다. 이토 히
로부미 등 이후 정국을 주도하
는 인물들을 길러 냈습니다.
『한국을 둘러싼 제국주의 열
강의 각축』
2001년에 서울의 지식산업사
에서 간행되었습니다.
요동반도
중국 랴오닝 성 남부, 황해와 보
하이 해를 가르는 반도로 '랴오
둥 반도'라고도 불립니다.

재판이 끝난 상황이고 관련자들 또한 처벌을 받았기 때문에 여기서 더 이상 거론할 사안이 아니라 생각됩니다.

판사　알겠습니다. 매우 충격적인 이야기라서 잠시 원고 측으로부터 당시 상황을 들었을 뿐입니다. 원고 측 변호인은 계속해서 변론하시기 바랍니다.

김딴지 변호사　네. 고종 황제는 경운궁으로 환궁한 뒤에 자주적인 독립 국가를 만들고자 무척 애를 썼습니다. 요즈음 사람들은 이를 광무개혁이라고 하더군요. 하지만 이러한 노력이 결실을 맺기도 전에 우리나라는 일본과 러시아의 땅따먹기 전쟁에 휘말릴 처지가 되고 말았습니다.

고종 황제는 1894년에 일본과 청나라가 청일 전쟁을 치를 때 우리나라가 전쟁터가 되어 막대한 피해를 입었지만 한 푼도 보상받지 못했던 기억을 떠올렸습니다. 그런데 이보다 더욱 염려스러웠던 것은, 또다시 일본의 정치적인 간섭을 받게 될지 모른다는 점이었습니다. 이를 잘 알고 있던 고종 황제가 러시아와 일본이 충돌하면 어느 편에도 서지 않고 중립을 지키겠다는 의지를 내비친 것도 이러한 이유에서였습니다. 그간 어려움도 적지 않았지만, 고종 황제는 러일 전쟁이 임박했다는 것을 알고 서둘러 한국의 중립을 선언하였습니다. ▶그런데 일본군은 이를 무시하고 막무가내로 서울로 침입해 들어왔습니다. 이는 엄연한 국제법 위반입니다. 중립국은 엄연히 국제법의 보호를 받을 권리가 있습니다.

중립국
중립국이란, 어떠한 경우든 다른 나라와의 분쟁이나 전쟁 등에 간섭, 관여하지 않고 중립을 지키는 나라를 일컫습니다. 현재 전 세계에 영세 중립국이라 불리는 나라는 스위스, 오스트리아, 라오스 등 3개국입니다.

교과서에는

▶ 국제 정세가 급박하게 돌아가자 정부는 한국이 전쟁터가 되는 것을 막기 위해 '국외 중립'을 선언합니다. 하지만 일본은 이러한 선언을 무시하고 서울을 점령하기에 이르지요.

나카무라 변호사　판사님, 원고 측 변호인은 역사적인 사실을 일방적으로 자기에게 유리한 쪽으로 변론하고 있습니다. 일본이 정말 국제법을 위반했는지는 좀 더 따져 봐야 할 것입니다. 이를 위해 원고인 고종 황제를 증인으로 신청합니다.

판사　허락합니다. 고종 황제는 증인석으로 나와 주시기 바랍니다.

황룡포를 입은 고종 황제가 위엄 있는 자세로 선서를 한 뒤 증인석에 앉았다. 방청객들이 가득 찬 법정에서 선서를 하는 게 어색해 보였다.

나카무라 변호사　원고가 한국의 중립화를 선언했다고 하지만 러일 전쟁이 발발하기 직전의 일입니다. 원고는 중립화를 선언하기만 하면 국제법의 보호를 받을 수 있을 것이라고 생각하셨습니까?

고종 황제　나는 대한 제국을 일으킨 뒤에 자주적인 독립 국가로 만들기 위해 열심히 노력하는 한편 강대국들의 틈바구니에서 살아남기 위한 '국가 생존 프로젝트'를 추진했는데, 그 결과 중립화를 선언하는 것이 제일이라는 결론을 얻었소. 이를 추진하는 데 여러 어려움이 있었지만, 러일 전쟁이 일어나기 3개월 전인 1903년 11월에는 이미 각국에 우리나라는 전쟁에 관여하지 않고 중립을 지킬 것이라고 선언하고 유럽에 관리를 파견하여 어느 정도 긍정적인 답변을 들을 수 있었어요. 즉, 러일 전쟁 직전에 허겁지겁 중립화를 선언한 것이 아니고 그 이전부터 이미 준비하고 있었다는 점을 말씀드립니다.

김딴지 변호사   판사님, 중립화 선언과 관련하여 1903년 11월 21일 자 『고종실록』을 증거 자료로 제출합니다.

나카무라 변호사   한국과 관련된 주변국들이 한국의 중립화를 인정해야 되고, 서로 세력 균형이 맞아야 효력이 있는 것이지, 일방적으로 이를 선언했다고 하여 실현될 수 있는 것은 아니지 않습니까?

고종 황제   피고 측 변호인은 중립화 선언 자체에 문제가 있다고 보는 듯한데 그렇지 않소. 내가 20여 년 전에 한국과 국교를 수립한 영국, 독일, 덴마크, 청나라, 이탈리아 등 여러 나라에 중립화 선언을 통보하였고, 이들 나라로부터 승낙 회신을 받았소. 오로지 일본만이 이를 인정하지 않았습니다. 이는 한국의 중립화 선언이 국제적으로 승인을 받았다는 증거입니다. 엄연히 한국은 국제법에 따라 보장받게 되었음을 의미합니다.

나카무라 변호사   일본은 스스로를 지킬 힘이 없는 한국이 국제법을 내세워 중립화를 선언했다고 하여 이를 인정하기 어려웠습니다. 더욱이 한국은 압록강 연안에서 러시아에 편의를 제공하여 스스로 중립화를 위반하였는데, 일본으로서는 이를 존중할 아무런 이유가 없었던 겁니다.

고종 황제   러시아에 편의를 제공한 것이 아니라 러시아가 한국의 국경을 무단 침입한 것일 뿐입니다. 이는 러일 전쟁 이전의 일입니다.

나카무라 변호사   한국에 있던 러시아 공사도 떠나갔고 일본군이 한성을 완전히 점령한 상황에서 중립화 선언은 아무런 의미가 없었다고 생각됩니다. 더욱이 한국은 일본군이 상륙했을 때 이를 막지

공수 동맹
다른 나라를 상대로 한 공격이나 방어를 같이 하자고 나라와 나라 끼리 맺은 동맹을 뜻합니다.

않았기 때문에 중립화를 포기한 것으로 봐야 하지 않겠습니까?

김딴지 변호사　절대 그렇지 않습니다. 일본군이 침입해 들어왔다고 하여 중립화가 의미가 없어지거나 무효가 될 수 없습니다. 황제가 중립화 포기를 선언하거나, 한국이 일본이나 러시아 어느 한쪽과 손을 잡았을 경우에만 중립화의 의미가 없어지는 것입니다.

나카무라 변호사　좋은 지적입니다. 당시 일본뿐만 아니라 러시아도 한국을 차지하고자 했습니다. 이런 상황에서 스스로를 지킬 수 없었던 한국은 중립화를 선언할 게 아니라 어느 한쪽과 손을 잡았어야 마땅합니다. 한국은 러시아와 더불어 일본과 전쟁을 치르든지, 아니면 일본과 공수 동맹을 체결하여 러시아와 맞서든지 눈치껏 하나를 택해야 했던 것이 아닌가 합니다. 그것이 한국을 지킬 수 있는 유일한 방법이 아니었을까요? 이상입니다.

판사　피고 측 변호인은 한국의 중립화 선언 자체가 잘못된 것이라는 입장인 것 같습니다. 결국 한국을 둘러싸고 러일 전쟁이 일어나면 힘이 약한 한국으로서는 이를 피해 갈 수 없지 않았겠느냐는 변론으로 이해됩니다. 증인, 수고하셨습니다. 자리로 돌아가셔도 좋습니다.

김딴지 변호사　일본이 러일 전쟁을 일으킨 것 자체가 문제였습니다. 일본으로서는 한국과 요동반도를 차지하기 위해서는 반드시 세계 최강의 러시아와 일전을 치러야만 했습니다. 일본이 러시아를 상

대하기 약간 버거웠지만 한국의 도움을 받으면 해 볼 만하다고 생각한 것이 아닌가 합니다. 한국 땅을 밟지 않고서는 전쟁터인 만주로 건너가기가 쉽지 않았던 만큼 한국의 도움이 절실했을 것입니다. 그런데 한국이 돌연 중립화를 선언하게 되면서 난처한 상황에 빠지게 된 것입니다.

판사   그렇다면 러일 전쟁을 준비하고 있던 일본으로서는 한국의 중립화 선언을 상당히 부담스러워했을 텐데요, 일본은 이를 어떻게 해결했습니까?

김딴지 변호사 　일본은 러일 전쟁 이전에 고종 황제를 설득하기 위해 측근을 포섭하려는 공작을 펼쳤고, 하야시 곤스케 일본 공사는 여러 번 고종 황제를 알현해 한국과 일본 간에 '화목을 더욱 돈독히' 할 것을 종용하기도 했습니다. 하지만 고종 황제는 꿈쩍도 하지 않았어요. 그럴 필요가 없었던 것입니다.

판사 　피고 측 변호인에게 묻겠습니다. 일본은 한국이 중립화 선언을 했다는 것을 알고 있었고, 이는 국제법의 보호를 받는다는 것을 잘 알고 있었던 것 같은데 어떻습니까?

나카무라 변호사 　물론 일본은 중립화 선언의 의미를 잘 알고 있었습니다. 다만 러일 전쟁이 일어나면 한국이 일본에 협조할 것이라고 믿었고, 그렇게 되면 한국 스스로 중립화를 포기하는 것이기 때문에 국제법 위반이라는 비난을 받지 않을 것이라 여겼습니다.

판사 　어쨌든 일본은 원고를 설득하지 못한 상황이었음에도 불구하고 러일 전쟁을 일으켰고, 국제법을 위반하면서까지 한국에 일본군을 주둔시킨 것이군요.

김딴지 변호사 　피고 측 변호인의 말을 듣고 있노라면 화가 납니다. 일본은 분명히 국제법을 위반했음에도 불구하고 도무지 이를 인정하지 않고 있습니다. 일본의 떳떳하지 못한 행동은 이뿐만이 아닙니다. 일본은 지금까지 숱한 전쟁을 치렀는데, 선전포고 이전에 먼저 상대국을 기습적으로 공격하곤 했습니다. 청일 전쟁, 러일 전쟁, 중일 전쟁, 태평양 전쟁 등이 모두 그렇습니다.

판사　그게 사실입니까? 일본은 아주 비겁하게 전쟁을 시작했군요. 이는 등 뒤에서 공격한 것과 마찬가지라 생각이 드는데, 일본이 자랑하는 **사무라이** 정신을 망각한 모양입니다.

나카무라 변호사　본 재판과 관련 없는 일을 들춰내 왜 일본을 욕보이는지 알 수가 없습니다. 일본의 진정성을 몰라주는 것 같아 안타깝습니다.

사무라이
'사무라이'란 일본 봉건 시대의 무사를 말합니다.

황제가 된 조선의 왕

고종이 러시아 공사관에서 경운궁으로 환궁한 뒤 3개월쯤 지난 1897년 5월 이후로 '황제로 칭하기를 바란다(칭제)'는 상소가 올라오기 시작했습니다. 고종은 쉽게 결정을 내리지 못하다가, '칭제'보다 부담이 덜한 연호를 먼저 바꾸고자 했지요. 이에 1896년 이후 사용되어 오던 '건양' 대신 '광무(光武)'라는 연호를 사용하게 되었습니다. '광무'라고 정한 것은 외세의 간섭에서 벗어나 강력한 힘을 기르고 나라를 빛내자는 뜻으로, 후한을 건국한 '광무제'를 염두에 둔 것이었어요.

고종은 '칭제' 논의에 종지부를 찍고 회현방 소공동(현 조선호텔)에 황제 즉위식을 거행할 원구단을 마련하도록 했습니다. 마침내 1897년 10월, 고종은 백관을 거느리고 원구단에 나아가 하늘에 제사를 지내고 황제 즉위식을 거행하였어요. 그리고 바로 이때 국호 문제가 논의되기 시작했습니다. 여러 중신들이 모인 가운데 고종이, "단군과 기자 이래로 강토가 나뉘어 각각 한 모퉁이를 차지하고 서로 자웅을 다투다가 고려에 이르러 마한, 진한, 변한을 합병하였으니 이것이 삼한을 통합"한 것이라면서, "지금 우리의 국호가 비록 조선이지만 이 나라를 조선이라 부르기보다는 '한(韓)'으로 부르고 있는 터이니 대한(大韓)으로 정하는 것이 옳다"고 언급하였고, 이에 대신들이 동의함으로써 국호가 '대한'으로 확정되었습니다. 1897년 10월 12일, 고종은 원구단에서 황제 즉위식을 거행한 뒤에, 바로 그다음 날 조선의 국호를 '대한 제국'으로 한다는 조칙을 발표하였습니다. 이후 각국으로부터 대한 제국의 성립과 칭제에 대해 직간접으로 승인받았고, 고종 황제는 황제의 위엄을 상징하는 황룡포를 입고 많은 개혁 정치를 펼쳐 나갔습니다. 그 뒤 1919년 4월에 중국 상하이에 임시 정부가 세워지면서 황제국이 아닌 공화주의를 표방한 '민국'으로 고쳐 '대한민국'이란 용어가 처음 사용되었습니다. 1948년 8월에 정부가 수립되면서 '대한민국'이 정식 국호로 지정되어 오늘에 이르고 있습니다.

원구단의 옛 모습

2

한일 의정서를
체결하다

판사　한국의 입장에서 보면, 중립화 선언을 전쟁 당사국인 일본과 러시아가 인정했으면 아무런 문제가 없었을 것입니다. 하지만 어느 한 나라라도 이를 인정하지 않으면 이를 막을 방법이 없지 않았을까 합니다.

김딴지 변호사　판사님의 의견이 틀린 것은 아닙니다. 하지만 이제 막 제국주의의 길로 들어선 일본으로서는 입장이 달랐습니다. 일본은 서구 열강의 눈치를 봐야 했기 때문에 한국의 중립화 선언이 불편했던 것이 사실입니다.

판사　그럴 수 있겠군요. 그럼 일본은 어떤 입장을 취했습니까?

김딴지 변호사　일본은 국제법을 위반했다는 비난을 모면하기 위해서 어떻게든 한국과 공수 동맹을 체결하려고 무진 애를 썼습니다.

판사　피고 측 변호인에게 묻겠습니다. '공수 동맹'은 러일 전쟁 전에는 필요했겠지만, 이미 일본군이 한국에 상륙하였고 전쟁이 진행 중인 상황에서 굳이 공수 동맹을 체결해야 하는 이유라도 있었습니까?

나카무라 변호사　한국을 보호하기 위한 러일 전쟁에 한국이 빠져서야 되겠습니까? 한국도 러일 전쟁에 참전하였다는 공식적인 문서를 하나 남겨 놓아야 훗날 한국과 일본이 러시아를 물리쳤다는 역사를 갖게 될 것이 아닙니까? 한국으로서는 매우 영광스런 일이 아니겠습니까?

김딴지 변호사　피고 측 변호인이 무슨 말을 하는 건지 도무지 모르겠습니다. 피고 측은 본심을 감추고 있습니다. 일본에서 공수 동맹을 고집한 것은 한국의 '중립화'를 무효화시켜 국제법 위반에 대한 책임을 벗어나는 한편, 러일 전쟁에 한국을 합법적으로 끌어들이고자 한 것입니다.

판사　일본으로서는 한국과 공수 동맹을 체결해야 할 분명한 이유가 있었던 것으로 보입니다. 그럼 일본은 공수 동맹을 체결하기 위해 어떻게 했습니까?

김딴지 변호사　일본은 고종 황제를 자기편으로 끌어들이기 위해 명성 황후 시해에 가담하고 일본으로 망명한 한국인들을 오지로 보냈는가 하면, 한국에 상당한 돈을 건네기도 했습니다. 하지만 고종 황제는 공수 동맹을 맺게 되면 중립화가 무효로 된다는 것을 잘 알았기 때문에 끝까지 거부하였습니다.

판사　원고가 얼마나 나라를 지키고자 했는지 잘 알겠습니다. 그

공사

국가를 대표하여 다른 나라로 파견되는 외교 사절입니다. 조약국에 상주하며, 대사에 버금 가는 지위에 해당합니다.

의정서

외교적인 회의에서 의논하여 결정한 사항을 기록한 국제 공문서를 말합니다.

렇다고 해서 일본이 이를 그만두지는 않았을 텐데요.

김딴지 변호사   물론입니다. 이에 가장 적극적인 인물이 하야시 곤스케 일본 공사였습니다. 고종 황제가 계속해서 일본 정부의 제안을 거부하자, 그는 비교적 상대하기 쉬웠던 대신들에게 접근하였습니다. ▶하야시 곤스케 공사가 집요하게 협박과 회유를 하자 공수 동맹을 반대하던 대신들이 하나씩 찬성 편으로 돌아섰고, 결국 외부대신 서리 이지용과 일본 공사 하야시 곤스케가 공수 동맹 성격의 '한일 의정서'를 체결하고 말았습니다.

판사   한일 의정서에 어떤 내용들이 담겼기에 이를 공수 동맹이라고 합니까?

김딴지 변호사   일본 측은 한일 의정서 제3조에 "한국의 독립과 영토 보전을 확실히 보증한다"는 조항을 담았지만, 허울에 불과합니다. 핵심은, '일본이 전쟁 수행을 위해 전략상 필요한 한국 내의 지점을 언제든지 수용할 수 있다'라고 한 점입니다. 즉 한국 정부의 동의 없이 일본이 한국 영토의 어느 곳이나 마음대로 수용할 수 있게 만든 겁니다. 또한 한국이 제3국과 협정을 체결할 수 없도록 하여 러시아 등 다른 열강과 손을 잡는 것을 차단시켰습니다. 동맹이라기보다는 침탈에 가까웠습니다.

교과서에는

▶ 한일 의정서를 체결하여 일본이 한국 내에서 군사 기지를 마음대로 사용할 수 있도록 하였습니다.

판사   일본은 한일 의정서를 통해 얼마만큼의 땅을 빼앗아 갔나요?

김딴지 변호사   일본은 한일 의정서를 내세워 오늘날 미

일본 공사 하야시의 치밀한 계략

군 기지로 사용되고 있는 용산 115만 평을 비롯하여 평양, 의주 등 400만 평을 빼앗고, 철도를 부설한다, 군용 물자를 수송한다는 등의 명분으로 수많은 사람들을 동원하였습니다. 결국 러일 전쟁은 한국 침략 전쟁이나 마찬가지였던 것입니다.

나카무라 변호사   판사님! 원고 측 변호인은 일본의 진정 어린 마음을 몰라주고 일본을 매우 부도덕하고 파렴치한 나라로 몰고 가고 있습니다. 한일 의정서에 서명한 이지용 외부대신 서리는 원고의 조카인데 어찌 나라에 손해되는 일을 했겠습니까? 이지용 대신으로부터

친일파 대신으로 을사오적의 한 사
람이었던 이지용

당시 상황을 듣고자 합니다. 그를 증인으로 신청합니다.

판사　　인정합니다. 증인은 증인석으로 나와 선서를
해 주시기 바랍니다.

　　친일파의 대표 주자 이지용은 무슨 자랑거리라도 되
는 양 양복에 일본 훈장을 주렁주렁 달고 나타나 증인
선서를 한 뒤에 자리에 앉았다.

나카무라 변호사　　증인은 정부가 편찬한 친일파 인명
사전에 수록되어 마음이 편치 않겠지만 당시 상황을 사
실 그대로 증언해 주시기 바랍니다.

이지용　　물론입니다. 일본 천황으로부터 백작의 작위를 받은 사람
으로서 충실히 답변하도록 하겠습니다.

나카무라 변호사　　증인은 하야시 곤스케 일본 공사와는 어떤 사이
인가요?

이지용　　하야시 곤스케 일본 공사를 알게 된 것은 한일 의정서를
체결하기 6, 7년 전쯤입니다. 나보다 열 살 정도 위로, 자주는 아니지
만 가끔 술 한잔씩 나누곤 했지요. 만나면 사적인 일뿐만 아니라 한
국과 일본 문제를 협의하고는 했습니다. 누구보다도 한국을 사랑하
며 한국을 위해 열심히 일했던 인물로 기억하고 있습니다.

나카무라 변호사　　증인은 '공수 동맹'에 대해 어떻게 이해하고 있었
습니까? 한국이 일본과 손을 잡는 것이 필요하다고 생각했습니까,

아니면 쓸데없는 일이라 여겼습니까?

이지용 저는 삼촌인 고종 황제의 중립화 선언이 마뜩치 않았습니다. 일본과 손을 잡아 러시아를 무찌르고 일본의 도움을 받아 더 큰 나라를 만들어야 한다는 게 저의 기본 입장이었습니다. 저는 하루속히 일본과 공수 동맹을 체결하는 것이 마땅하다고 여겼던 사람 중 하나였습니다.

나카무라 변호사 증인의 진정 어린 말씀에서 애국심을 느끼게 됩니다. 그런데 왜 증인의 삼촌은 공수 동맹을 체결하는 것을 못마땅하게 여겼을까요?

이지용 우리 삼촌은 좀 나약한 데가 있어요. 자잘한 일은 잘 처리하는데 중요한 일에서는 뭘 그리도 재는지 미적거리고 주저하는 경향이 없지 않아요. 당시만 해도 삼촌이 공수 동맹을 꺼렸던 것은 아주 단순한 이유에서였습니다. 만약 일본과 의정서를 체결한 뒤 러시아가 승리하면 한국은 러시아로부터 보복을 당할 것이라고 지레 우려했던 것입니다.

나카무라 변호사 공수 동맹을 거부한 이유가 단순히 러시아가 무서워서 그랬다는 겁니까? 우리나라가 승리할 것이라고는 전연 생각지도 않았다는 거로군요. 천하를 휘어잡을 대일본 제국을 몰라보고 그리도 가볍게 생각했다는 데 안타까운 마음이 듭니다. 여하튼 항간에서 한일 의정서가 강제로 체결되었다는 소리가 들리던데, 증인께서 해명을 좀 해 주시기 바랍니다.

이지용 왜 그런 얘기가 나도는지 저도 모를 일입니다. 저는 분명

탄핵
부정한 사건에 대하여 죄를 물어서 책망하다는 뜻입니다.

고종 황제로부터 전권을 위임받아 협정서에 서명하였습니다. 즉 고종 황제는 한일 의정서와 관련된 사항을 저에게 일임하였고, 저는 이를 충분히 검토하여 서명한 것입니다. 추호도 일본의 강압을 받은 적이 없다는 사실을 말씀드립니다.

나카무라 변호사   증인, 감사합니다. 이상입니다.

김딴지 변호사   판사님, 피고 측 증인 신문을 요청합니다.

판사   허락합니다.

김딴지 변호사   피고는 한일 의정서를 체결한 뒤 백성들로부터 많은 원성을 듣고 여러 번 죽을 고비를 넘겼죠? 증인은 백성들이 왜 증인을 미워하고 탄핵하려고 했는지에 대해 혹시 생각해 보신 적이 있으신가요?

이지용   억울할 뿐입니다. 전 분명 나라를 위해 최선을 다한 것인데, 왜들 내게 나라를 일본에 팔아먹었다고 손가락질하는지 이해가 안 됩니다.

김딴지 변호사   여전하시군요. 고칠 약이 없어 보입니다. 증인은 일본 공사로부터 한일 의정서와 관련하여 1만 엔을 받은 적이 있지요? 당시 쌀 한 가마니가 4~5엔 정도였으니까 지금 돈으로 환산하면 3억 원 정도 될 텐데요.

이지용   1만 엔은 순수한 활동 자금으로 받은 것이지 제가 개인적으로 착복한 것이 아닙니다. 검찰에서 계좌를 추적하면 금방 밝혀질 일 아닌가요? 괜한 것으로 날 부도덕한 사람으로 매도하지 마세요.

김딴지 변호사   증인이 한일 의정서 체결 대가로 1만 엔을 받았다는 것은 공공연한 사실입니다. 제가 이해가 안 되는 것은, 증인이 황족으로서 어찌 돈에 매수되어 일본의 앞잡이 노릇이나 하고 나라를 팔아먹을 수 있었을까 하는 점입니다.

분명히 고종 황제는 한일 의정서 체결을 반대하였고, 증인 또한 그런 고종 황제의 의중을 알고 있었음에도 불구하고, 고종 황제로부터 전권 위임장을 받고는 의정서에 서명을 하였습니다. 돈에 눈이 멀어 일본 공사의 꼬드김에 넘어간 것입니다. 예나 지금이나 높으신 분들은 자기가 맡은 일의 막중함은 잊어버리고 돈이라면 사족을 못 쓰는 모양입니다. 참 씁쓸합니다.

판사　원고 측 변호인의 심정을 이해할 것 같군요. 그런데 원고가 한일 의정서 체결을 반대했다면 이를 순순히 받아들이지 않았을 텐데요. 원고는 어떤 반응을 보였습니까?

김딴지 변호사　고종 황제는 한일 의정서 체결에 대한 책임을 물어 이지용 대신을 탄핵하여 외부대신 서리 직을 박탈했습니다. 이후 증인은 뜻있는 백성들에 의한 암살 위험에 시달려야만 했습니다. 고종 황제는 이미 체결된 한일 의정서를 물리칠 수 없어서 울며 겨자 먹기로 이를 받아들일 수밖에 없었습니다.

이지용　제가 한 말씀 드려도 될까요? 당시 한국은 뭐든지 반대만 하고 나섰던 것 같습니다. 한일 의정서는 일본과 한국이 합법적으로 체결한 협정이고, 실로 양국이 앞으로 운명을 함께하자는 내용을 담고 있었기 때문에 굳이 반대할 이유가 없었다고 생각합니다.

김딴지 변호사　▶한일 의정서는 양국 정부가 대등한 입장에서 상호 입장을 존중하며 합의한 것이 아닙니다. 러일 전쟁 중에 한성은 일본군에 의해 장악된 상황이었고, 중립화 선언을 유지하려고 했던 고종 황제와 측근들은 배제된 채 강제로 체결된 조약일 뿐입니다.

고종 황제　　내 조카이지만 지금도 여전히 철이 없어 보입니다. 한일 의정서 체결은 내가 우려했던 바가 현실로 나타났던 것입니다. 그게 일본의 한국 침략의 첫 단추였는데 이에 강력히 저항하지 못했던 것이 아쉽습니다. 더욱 안타까운 것은, 이후 세계 각국이 한일 의정서를 체결한 것에 대해 한국과 일본이 동맹국이 되었다고 인식한 점입니다. 이로써 한국의 중립화 선언은 완전히 그 의미를 잃고 말았습니다.

판사　　네, 증인, 수고하셨습니다. 증인은 전혀 반성하는 기미가 없어 보이는군요. 이제부터는 공수 동맹인 한일 의정서를 체결한 이후 피고인 이토 히로부미가 한국에 대해 어떤 입장을 가지고 있었고 한국은 이에 어떻게 대응했는지를 살펴보도록 하겠습니다. 어느 쪽이 먼저 변론하시겠습니까?

김딴지 변호사　　판사님, 제가 먼저 변론하겠습니다. 한일 의정서는 공수 동맹의 성격이 있지만 한국의 주권을 무시하고 한국을 다른 나라로부터 고립시켜 내정을 간섭하려는 야욕에서 비롯된 것입니다. 하지만 고종 황제는 한일 의정서를 탐탁지 않게 여겼기 때문에 일본으로서는 고종 황제가 이를 실행에 옮길 것인지에 대해 의구심을 품고 있었습니다. 러일 전쟁 중인데 혹여 러시아를 돕지나 않을까 하는 우려를 했던 것입니다. 또한 한국 국민들이 이를 어찌 생각할는지 모르기도 했습니다.

판사　한일 의정서를 체결함으로써 모든 것이 끝난 줄 알았는데 더 큰 문제가 남아 있었군요. 일본으로서는 매우 조심스럽게 접근할 수밖에 없었을 것이라는 생각이 듭니다.

김딴지 변호사　피고인 이토 히로부미는 일본 **천황**의 특사로서 한일 의정서가 체결되고 20여 일이 지난 뒤인 1904년 3월경에 경부선을 통해 한성으로 들어왔습니다. 아마 피고의 첫 한국 방문이 아니었을까 생각하는데, 이후 피고는 한국과 관련된 사항에 직접 관여하기 시작했습니다.

판사　피고는 이때 처음으로 한국을 방문했습니까?

이토 히로부미　아닙니다. 당시 한국에 온 것은 두 번째였습니다. 내가 제3차 내각 총리대신을 그만둔 직후인 1898년 8월경에 청나라를 방문하는 길에 잠시 머문 적이 있었습니다. 당시 독립 협회 회원들과 어울려 흥겨운 한때를 보내기도 했지요. 참! 내가 떠나갈 때 독립 협회 회장으로부터 선물로 받은 독립문 그림이 그려진 은제 찻잔 한 벌을 잘 간직하고 있습니다.

판사　피고는 무슨 목적에서 한국을 두 번째로 방문하였습니까?

이토 히로부미　특별한 것은 없었습니다. 그저 러일 전쟁이 시작되고 한일 의정서가 체결되었으므로 추밀원 의장 자격으로 한국과 친선을 도모하고 고종 황제에게도 문안 인사를 올리고자 왔을 뿐입니다.

김딴지 변호사　판사님, 피고는 진실을 숨기고 있습니다. 피고가 친

천황
일본에서 그 왕을 이르는 말로, 일본 역대 군주의 칭호입니다. 최고 권력자 겸 신적인 존재로 받들어졌지요.

선 도모 차 한국에 왔다고 하지만 실은 그렇지 않았습니다. 러일 전쟁에 깊숙이 관여했던 피고가 64세의 노구를 이끌고 굳이 특파 대사로 방문했다면 중요한 임무를 띠고 왔지 않겠습니까?

당시 한국 내에서는 한일 의정서 반대 운동이 거세게 일고 있었습니다. 그것도 러일 전쟁 중에 말입니다. 이러한 움직임이 계속되고 확산된다면 어렵게 체결한 한일 의정서가 휴지 조각으로 변할 우려도 없지 않았고, 일본이 전쟁을 치르는 데 문제가 생길지도 모른다는 위기감이 적지 않았습니다. 일본으로서는 이러한 문제를 하루속히 진정시킬 필요가 있었기에 피고와 같은 일본의 거물 정치인을 직접 보내 이를 해결하고자 한 것입니다.

나카무라 변호사　판사님, 원고 측 변호인이 주장한 것과 달리, 이토 히로부미 의장은 줄곧 러일 전쟁을 반대했습니다. 일본이 러시아와 전쟁을 치를 준비가 완벽하게 되어 있지 않다고 판단한 것입니다. 하지만 대부분의 원로들이 전쟁에 찬성한 마당에 더 이상 반대할 수 없었던 것뿐입니다.

이토 히로부미 의장이 노구를 이끌고 전쟁 중에 머나먼 한국에 몸소 가신 것은 한국의 앞날을 걱정했기 때문입니다. 러일 전쟁 중에 좀 더 동맹 관계를 굳건히 하여 전쟁에서 승리해야 한다는 절박한 심정이었던 것입니다.

판사　원고에게 묻겠습니다. 피고가 원고를 알현했을 텐데요, 그 자리에서 무슨 얘기들이 오갔습니까?

고종 황제　이토 히로부미는 내게 처음 찾아왔을 때 일본 천황의 국서를 올렸습니다. 생각은 잘 안 나지만 그 내용은 대략 '러일 전쟁은 동양 평화를 염려한 것이고, 한일 의정서에 따라 양국이 돈독한 관계를 유지할 것을 기대한다' 정도였습니다.

그 후 두 차례 더 이토 히로부미를 만났는데, 그는 한일 양국의 동맹 관계를 강조하면서도 만약 전쟁 중에 러시아를 응원할 경우 이를 일본에 대한 적대적 행위로 인정하고 우리나라를 공격할 것이라고 위협하기도 했습니다. 이때 그가 보통 인물이 아니라는 사실을 실감했고, 쉽게 대했다가는 큰코다치겠구나 하는 느낌을 받았습니다.

판사　원고의 얘기를 듣다 보니 원고 측 변호인이 말한 바와 같이 피고는 원고에게 한일 의정서를 관철시키려고 왔다는 생각이 드는군요. 그럼 원고는 피고의 위압적인 요구에 어떻게 대응했습니까?

고종 황제　지난 뒤에 생각해 보면 당시 나의 행동에 화가 나기도 합니다. 수만 명의 일본군이 한국에 주둔하고 있는 상황에서 섣불리 대했다가 큰 화를 입지나 않을까 염려스러워, 나는 어쩔 수 없이 한일 의정서를 인정하고 공수 동맹에 적극 협조하겠다고 약속하고 말았습니다. 이토 히로부미의 위협적인 한마디에 그만 넘어간 것입니다. 그런데 이는 약속으로만 끝난 게 아니었어요. 나는 1904년 5월경 한국과 러시아 간에 체결한 모든 조약과 약속 등을 폐기하여 이를 증명해 보여야만 했습니다.

나카무라 변호사　판사님! 하나라도 뒤틀리면 모든 게 밉다는 게 사실인 모양입니다. 당시 이토 히로부미 의장이 동양 평화를 위해 황인종끼리 뭉쳐 러일 전쟁에서 승리해야 한국과 일본이 다 같이 평화

롭게 살 수 있을 것이라고 입이 마르도록 얘기하곤 했습니다. 그런
데도 한국 측은 피고가 위협적이었다느니 침략을 했다느니 하는 말
들만 하니 답답하고 안타까울 뿐입니다.

판사　피고가 동양 평화를 위해 애썼다는 얘기를 익히 들었습니
다. 하지만 이에 대해 누구나 똑같은 생각을 가질 수는 없지 않을까
합니다. 원고 측 변호인에게 묻겠습니다. 피고가 주장한 바와 같이

러일 전쟁은 황인종과 백인종 간의 대결이 분명하고, 동양 평화를 위해서 황인종인 한국과 일본이 힘을 합쳐야 한다는 생각을 할 수도 있다고 여겨집니다. 그런데 당시 한국인들은 러일 전쟁에 대해 어떻게 생각했습니까?

김딴지 변호사　　물론 러일 전쟁이 발발하자 일부 한국 백성들은 우리를 도와주려 한다는 순수한 마음에서 일본이 승리하기를 빌기도 했습니다. ▶훗날 헤이그 특사로 파견되었던 이준도 러일 전쟁을 황인종과 백인종 간의 대결로 인식하고 부상당한 일본군의 치료비 모금 운동을 벌이기도 했습니다.

판사　　그럼 한국인들이 일본을 동맹국으로 이해한 것으로 봐도 되겠습니까?

김딴지 변호사　　아닙니다. 일본이 자신들의 속셈을 드러내면서 우리나라 인민들은 일본에 등을 돌렸습니다. 특히 일본이 50년간 전국토의 3할이나 되는 황무지의 개척권을 넘겨 달라고 요구해 와 황당해했지요. 온 국민이 하나가 되어 황무지 개척권을 넘겨주는 데 적극 반대하였고 결국 이를 지켜 냈습니다. 이후 일본을 침략국으로 규정하고 우리 땅에서 몰아내려는 움직임이 일기 시작했습니다.

나카무라 변호사　　원고 측 변호인은 한국 국민들이 모두 일본에 반대하였다고 했지만 실상은 그렇지 않습니다. 일진회라는 단체는 러일 전쟁 당시부터 끝까지 우리 일본을 적극 도왔고 일본에 매우 우호적이었습니다.

일진회
광무 8년인 1904년에 일제의 대한 제국 강점을 도와준 친일적 정치 단체로 일제가 을사조약을 강요할 때 앞장서서 나서기도 하였습니다.

교과서에는

▶ 1907년 네덜란드 헤이그에서 만국 평화 회의가 열리자, 고종은 이상설, 이준, 이위종을 특사로 파견해 을사조약이 무효라는 점 등을 알리고자 했습니다.

김딴지 변호사　　어찌 몇 명 안 되는 친일 단체의 의견을 2,000만 모든 국민의 의견이라 할 수 있겠습니까?

나카무라 변호사　　물론 일진회가 전 국민을 대표한다고는 생각하지 않습니다. 그런데 한국의 최고 통치자인 원고가 일본 군인들에게 호의를 베풀었다고 하면 상황은 달라지지 않겠습니까? 이에 대해서는 어떻게 변론하시겠습니까?

판사　　중립화를 주장하였던 원고가 일본 군인들에게 호의를 베풀었다는 건 이해가 가지 않는군요. 원고가 직접 해명해 줄 수 있겠습니까?

고종 황제　　그때 그 일만 생각하면 울화가 치밉니다. 대신들이 하도 졸라서 하는 수 없이 조금 지원해 줬습니다. 뭐 별건 아니고, 일본 해군 사령관에게 삼편주, 담배 등을 내려 주고, 장교와 하사관에게는 소 50마리, 일본 술 30항아리, 천구연초 300상자, 그리고 해군 사병들에게는 담배 3만 갑을 내려 준 게 전부입니다.

판사　　조금 지원한 게 아닌데요?

고종 황제　　뭐, 적지 않다고 할 수는 있겠지만, 양이 문제가 아니라 훗날 내가 일본을 적극 도왔다는 오해를 받게 된 것이 가슴 아플 뿐입니다.

이토 히로부미　　그것에 관해 이 자리를 빌려 고종 황제께 감사하다는 말씀을 드립니다. 당시 일본군의 사기를 높이는 데 큰 도움이 되었습니다.

고종 황제　　그런 말 하지 마시오! 일국의 황제로서 제 나라를 다른

나라의 전쟁터로 만들어 백성들과 재산상의 피해가 막심한데 지켜
주지 못한 심정이 얼마나 쓰라린지 아시오?

판사 　모두들 진정하시기 바랍니다. 그와 관련된 얘기는 이 정도
로 하고, 다음 재판을 위해서 힘을 아껴 두시기 바랍니다. 오늘 재판
은 이것으로 끝내도록 하겠습니다. 다음 재판은 2주 후 같은 장소에
서 오후 2시에 열도록 하겠습니다.

　땅, 땅, 땅!

다알지 기자

안녕하십니까? 역사공화국 법정 뉴스의 다알지 기자입니다. 저는 지금 한국사법정에 나와 있습니다. 지금 막 고종 황제와 이토 히로부미의 첫 재판이 끝났습니다. 오후 2시에 시작된 재판이 양측의 열띤 공방 속에 3시간 30분 동안 진행되었습니다.

첫 재판은 주로 러일 전쟁 전후 한국과 일본 간의 관계를 중심으로 이뤄졌습니다. 원고 측은 일본이 한국의 중립화 선언을 무시하고 전쟁에 한국을 끌어들이고자 했다고 주장한 반면, 피고 측은 동양 평화를 위해 한국과 일본 간에 공수 동맹을 체결하고 황인종끼리 단결하려 했다고 맞섰습니다.

법정은 각 방송국의 취재 열기로 뜨거운데요. 양측 변호인들을 만나 첫 재판에 대한 소감과 각오를 들어 보도록 하겠습니다. 먼저 원고 측 변호인을 만나 보겠습니다.

김딴지 변호사

　고종 황제가 러일 전쟁에 휘말리지 않기 위
해 중립화를 선언했지만, 일본이 이를 무시하고
한국에 침입하면서 모든 문제가 시작되었습니다.
이는 명백히 국제법 위반이었음에도, 일본은 뻔뻔스럽
게 친일 대신들을 압박하거나 뇌물로 꼬드겨 공수 동맹인 한일 의정서
를 체결하여 한국을 러일 전쟁에 끌어들였습니다. 이것도 모자라 피고
인 이토 히로부미는 한 걸음에 달려와 고종 황제와 한국인들을 위협하
고 회유하면서 한일 의정서를 강요하여 한국과 러시아의 모든 관계를
단절시켰습니다. 일본이 양의 탈을 벗기 시작한 것입니다.

　당시 고종 황제를 비롯한 모든 국민들이 불의에 저항하고 침략적인
일본에 맞섰다는 점을 알려 드리고, 일본의 부당함을 집중 부각시킴으
로써 재판에서 이겨 역사가 살아 있음을 보여 드리도록 하겠습니다.
많은 응원 보내 주시기 바랍니다. 감사합니다.

나카무라 변호사

각기 입장에 따라 주장하는 바가 다르면 객관적인 역사적 사실일지라도 왜곡될 수 있다는 것을 알게 되었습니다. 당시는 약육강식 적자생존, 즉 약자는 강자에게 먹히는 세상이었습니다. 약소국이었던 한국은 스스로 강대국에 맞서 싸울 힘이 없었음에도 불구하고, 얄량하게 중립화를 선언한 것만 내세워 일본이 국제법을 위반했다고만 하니 답답합니다.

이토 히로부미 의장의 동양 평화론은 어느 누가 봐도 최고의 사상이라 할 수 있을 것입니다. 그분이 약소국인 한국을 보호하기 위해 70세가 다 되었음에도 불구하고 열심히 노력했던 것은 동양 평화론을 실천하기 위한 것이었습니다. 세상 사람들, 특히 한국인들이 이토 히로부미 의장을 인정하고 진정한 평화 애호가임을 새롭게 인식했으면 하는 마음입니다. 잘 지켜봐 주시기 바랍니다. 감사합니다.

왜 고종 황제는 폐위되었을까?

을사조약이 무효인 이유는 무엇일까?

1. 일본, 미국·영국과 비밀 조약을 체결하다
2. 을사조약은 3일 만에 체결되었다
3. 고종 황제, 을사조약 비준을 거부하다

교과연계

한국사
V. 근대 국가 수립 운동과 일본 제국주의의 침략
  4. 국권 수호 운동을 전개하다
   4-1 근대 국가 수립을 가로막은 일제의 침략

일본, 미국·영국과 비밀 조약을 체결하다

판사　두 번째 재판을 시작하도록 하겠습니다. 재판을 본격적으로 시작하기 전에 러일 전쟁에 대한 양측의 입장을 잠시 들어 보기로 하겠습니다. 피고 측 변호인부터 답변하시기 바랍니다.

나카무라 변호사　러일 전쟁에서의 승리는 저희로서는 자랑스러운 역사 중 하나입니다. 어느 누구도 일본이 러시아를 상대해서 이길 것이라고 생각하지 못했습니다. 일본으로서는 힘든 전쟁이었지만 결국 승리를 거두었고, 미국·영국 등 세계 열강과 어깨를 나란히 할 수 있게 되었습니다. 이로써 일본이 대륙으로 나아갈 수 있는 발판을 마련했다는 데 가장 큰 의의가 있습니다.

판사　원고 측 변호인은 입장이 다를 것 같은데요. 말씀해 주시기 바랍니다.

김딴지 변호사　　피고 측 변호인은 지금도 러일 전쟁의 승리에 도취되어 있지만, 당시 일본은 상황이 좋지 않았습니다. 청일 전쟁 당시에는 희생자가 1만 3,000여 명에 불과했지만, 10여 년 뒤에 일어난 러일 전쟁은 1년 3개월 동안 지속되었고 사상자가 68만 9,000여 명에 달할 정도로 처참했습니다. 전쟁이 오래 지속되면서 재정 또한 여의치 못했습니다. 이때 일본으로서는 다행스럽게도 미국 루스벨트 대통령이 중재에 나섬으로써 1905년 9월 양국 간 조약이 성립되고 전쟁은 겨우 끝났습니다. 뭐 그렇게 자랑할 만한 것도 못 됩니다.

판사　　시작부터 양측 변호인 간의 신경전이 대단하네요. 여하튼 일본으로서는 쉽지 않은 전쟁이었지만, 승리를 거둬 다른 서구 열강과 같이 제국주의 나라로 탈바꿈하게 되었군요. 당시 추밀원 의장이었던 피고는 감회가 남달랐을 텐데 한마디 해 주시기 바랍니다.

이토 히로부미　　전쟁에서 승리하게 되어 매우 기뻤습니다만, 전쟁이 진행되는 동안 매우 걱정스러웠던 것도 사실입니다. 어찌어찌 전쟁을 시작했지만 언제, 어떻게 끝내야 할지 고민스러웠거든요. 메이지 천황 또한 저와 같은 생각이었습니다. 수상은 너무 고심한 나머지 몸이 쇠약해져서 먹은 것을 그대로 토할 정도로 소화 불량에 시달렸고요. 전쟁이 끝나게 되었다는 소식을 듣고 수상과 나는 눈물을 흘리기도 했습니다.

판사　　갑자기 법정이 숙연해지는군요. 한국으로서는 러일 전쟁에서 일본이 승리한 게 달가웠을 리 없었을 텐데, 당시 분위기는 어떠했습니까?

김딴지 변호사　　한국의 주변국이었던 청나라와 러시아를 물리친 일본은 마치 자기들 세상이 된 것마냥 날뛰더니, 얼마 뒤에 침략 세력으로서 숨겨 두었던 발톱을 드러내기 시작했습니다. 한국이 마치 전리품인 양 먹잇감 다루듯 하면서 자기들 입맛에 맞게끔 요리하려고 들었습니다.

판사　　피고 측 변호인에게 묻겠습니다. 어찌 되었든 한국과 공수 동맹을 체결한 것도 러일 전쟁의 승리에 보탬이 되었을 것으로 생각되는데 전혀 언급이 없군요. 어떻게 생각하십니까?

나카무라 변호사　　뭐 도움이 되었다고 말하기는 어렵지 않나 싶습니다. 일본군이 주둔할 땅을 조금 빌려 주고 인력을 몇만 명 동원했을 뿐이지 직접 총을 들고 싸운 것은 아니었으니까요. 오히려 아시아의 큰형님이 막내 동생을 보호하기 위해 많은 희생을 치렀는데 일본에 고맙다고 해야 되는 것이죠.

김딴지 변호사　　판사님, 피고 측 변호인의 주둥아리를 다물게 해 주십시오. 찢어진 입이라고 말을 함부로 내뱉고 있습니다. 누구도 일본을 큰형님으로 인정한 적도, 우리가 도와 달라고 한 적도 없는데, 자기들 욕심을 채우려 벌인 전쟁에 우리 핑계를 대고 있습니다.

나카무라 변호사　　신성한 법정에서 이렇게 상대편 변호인을 모욕해도 됩니까? 아니, 주둥아리라니요! 사과하세요!

판사　　양쪽 다 진정들 하세요. 내가 괜한 것을 물어 본 것 같군요. 내가 사과할게요. 됐죠? 다시 원고 측 변호인에게 묻겠습니다. 조금 전에 일본이 침략 세력으로서 숨겨 놨던 발톱을 드러냈다고 말씀하셨는데, 이에 대해 구체적으로 설명해 주시겠습니까?

김딴지 변호사　　일본은 한국을 침략하기 위해 새로운 방침을 세웠습니다. 그것은 다름 아닌 한국에 대한 보호권 확립이었습니다.

판사　　피고 측 변호인, 김딴지 변호사의 말이 사실입니까?

나카무라 변호사　　원고 측 변호인이 제대로 보았습니다. 일본은 한국에 대한 보호권을 확립하고자 했습니다. 아직 한국은 우리가 힘을 다하여 보호하고 발전시켜야만 하는 나라 중의 하나였습니다.

김딴지 변호사　　누가 누구를 보호한다는 것인지 알 수가 없군요. 말은 그럴싸하지만 실상은 한국을 자신들의 손아귀에 넣으려는 아주 낮은 수준의 꼼수에 불과했습니다.

판사　　잠깐만요. 방청객들을 위해 피고 측 변호인은 일본 측에서 생각하였던 보호국에 대해 보충 설명을 해 주시기 바랍니다.

나카무라 변호사　　당시 한국은 약소국이었기 때문에 동등한 외교 관계를 맺지 못하고 불평등한 조약을 체결할 수밖에 없었습니다. 더 큰 문제는, 청일 전쟁, 러일 전쟁이 모두 한국이 제대로 외교 관계를 맺지 못했기 때문에 일어난 전쟁들이란 점입니다. 그래서 우리 일본은 한국을 대신하여 외국과 동등하게 국교를 수립하고 조약을 체결하려 했던 것입니다. 결코 한국을 식민지로 삼는 게 목적이 아니었다는 점을 말씀드리겠습니다.

판사　　결국은 일본이 외교 관계에서 한국을 대표한다는 뜻이네요. 그렇다면 한국은 독립 국가로서의 위상이 크게 흔들릴 것인데 이를 한국 측에서 순순히 받아들일 것 같지 않군요. 더욱이 서구 열강이 그냥 두고만 보지는 않았을 것이란 생각이 드는데요.

나카무라 변호사　　예리한 지적이십니다. ▶예전에 일본은 청일 전쟁에서 승리하고도 러시아, 프랑스, 독일 등 소위 삼국 간섭으로 인해 청나라의 요동반도를 빼앗긴 적이 있었습니다. 러일 전쟁을 통해 요동반도를 되찾기는 했지만 말입니다. 어쨌든 당시에 얻은 교훈은, 혼자 주워 먹지 말자는 것이었어요. 국제 관계는 철저히 '기브 앤드 테이크'

교과서에는

▶ 일본은 청나라와의 전쟁에서 승리하여 요동반도를 빼앗았지만, 남하 정책을 추진하고 있던 러시아가 프랑스와 독일을 끌어들여 요동반도를 청나라에 돌려줄 것을 일본에게 요구하였습니다.

이잖습니까? 러일 전쟁이 끝나 갈 무렵, 일본이 한국을 보호국으로 만들기 위해서는 세계 최고의 강대국이었던 미국과 영국의 양해를 구하는 것이 급선무였어요. 미국와 영국에 한국을 넘보지 말라는 것이지요.

판사　그래서 어떻게 했나요?

나카무라 변호사　▶먼저 러일 전쟁 당시 일본에 도움을 많이 준 미국에 손을 내밀었습니다. 일본이 한국을 보호국으로 만드는 것을 지지하면, 미국의 필리핀에 대한 식민지 지배를 인정하겠다고 했습니다. 요즘 이를 '가쓰라-태프트 밀약'이라고 하더군요. ▶▶또한 영국에 대해서는 인도의 식민지화를 지지한 대가로 한국의 강점을 묵인, 인정받았습니다. 이를 '제2차 영일 동맹'이라고도 합니다.

판사　그런데 미국이 일본의 제안을 흔쾌히 받아들였습니까?

나카무라 변호사　물론입니다. 누이 좋고 매부 좋은 일 아닙니까? 이게 모두 일본의 강력해진 외교력이 힘을 발휘한 것이라 할 수 있죠. 때문에 한국은 이렇듯 외교력을 갖춘 일본의 보호를 받는 것이 당연한 일이었다고 생각합니다.

고종 황제　미국, 영국과는 이미 20여 년 전에 국교를 수립하면서 서로 힘들 때 도와주기로 약속했는데 어찌 그럴 수 있단 말이니까? 특히 영국은 한국의 중립화 선언을 지지한 나라이기도 한데, 어찌 한국을 저버리고 일본과 동맹을 맺을 수 있었는지 알 수가 없습니다. 원래 강대국들은 자기들 편한 대로 신의를 저버리고 약속을 어길 수 있는

기브 앤드 테이크
give-and-take, 공평한 조건에서의 교환을 뜻합니다.

교과서에는

▶ 일본은 미국으로부터 한국에 대한 지배를 승인받았습니다. 미국과 맺은 가쓰라-태프트 비밀 협약(1905년 7월)을 통해서 말이지요.

▶▶ 일본의 독점적 지배권을 인정받기 위해 1905년 8월에 제2차 영일 동맹을 맺습니다. 이로써 일본은 영국으로부터 한국에 대한 지배를 승인받게 된 것입니다.

겁니까?

이토 히로부미　국제 사회의 냉엄한 현실을 이제야 아신 것 같군요. 약소국은 언제라도 강대국에게 먹히는 게 당연한 일 아니겠습니까? 이를 약육강식 적자생존이라 하지요. 우리가 한국을 보호국으로 만들기 위해 미리 미국과 영국에 손을 써 뒀습니다. 그런데 고종 황제는 그런 줄도 모르고 '서로 어려울 때 돕는다'는 종잇장 내용만 믿고 국교를 수립한 나라에 대한 환상과 기대를 버리지 못하였던 겁니다.

고종 황제　내가 몰랐던 것은 사실인데, 일본이 쥐새끼처럼 아무도 모르게 그렇게 했으니 당연한 일 아닙니까? 헐버트를 통해 미국 대통령에게 도와 달라고 호소를 하고 이승만을 특사로 보냈건만 미국에서 모른 체했던 이유를 알고 내가 얼마나 낙심을 했는지 아시오?

판사   이곳은 신성한 법정입니다. 원고는 억울하더라도 감정을 자제해 주시기 바랍니다.

김딴지 변호사   폐하, 마음을 강건하게 하시기 바랍니다. 존경하는 판사님! 이 모든 게 피고인 이토 히로부미의 간계 때문에 일어난 일임을 뒤늦게 알게 되어 억울해서 그러는 것이니 양해해 주십시오.

2

을사조약은
3일 만에 체결되었다

판사　일본이 러일 전쟁에서 승리한 후 한국에 대한 주도권을 잡고 미국, 영국 등 서구 열강과의 합의 아래 한국의 보호국화를 추진하려 했다는 사실을 알게 되었습니다. 이제 일본이 한국을 보호국으로 만들 목적에서 을사조약이 체결되는데, 그 과정과, 실제로 을사조약이 유효한지, 강제로 체결했기 때문에 무효인지에 대해 본격적으로 변론해 주시기 바랍니다. 먼저 원고 측 변호인부터 변론해 주십시오.

김딴지 변호사　1905년 10월 러일 전쟁의 강화 조약이 체결된 직후부터 일본이 한국의 보호권 확립에 혈안이 되었는데, 이에 가장 관심을 기울인 인물이 바로 피고인 이토 히로부미였습니다. 피고는 추밀원 의장으로서 한국을 보호국으로 만드는 데 자신만 한 인물이 없다고 떠벌리고 다닐 정도였습니다.

판사　피고는 일본이 어려울 때마다 직접 나서서 해결사
역할을 제대로 하는군요. 피고는 세 번째로 한국을 방문하
였는데 무슨 목적으로 오셨습니까?

이토 히로부미　나는 11월 9일 한성에 도착했는데, 남산
밑의 일본 공사관이 수리 중이어서 손탁 호텔에 여장을 풀었습니다.
다음 날인 11월 10일 곧바로 경운궁 중명전에 머물고 있던 고종 황
제를 뵙고 일본 천황의 친서를 전달하였습니다.

판사　친서에는 어떤 내용들이 담겨 있었습니까?

이토 히로부미　친서의 내용은 동양 평화와 한국의 안전을 위해 두
나라가 친선과 협조를 강화해야 하며 그러기 위해서는 한국이 일본
의 보호를 받아야 한다는 것이었습니다. 한국 황실의 안녕과 존엄은
조금도 훼손하지 않을 것이라는 말도 빼놓지 않았습니다. 우리 천황
폐하의 한국에 대한 은혜로운 말씀이 가득 담겨 있었지요.

판사　그럼 피고가 한국에 건너온 목적은
무엇이었습니까? 단지 천황의 친서를 전달
하러 온 것은 아닌 듯한데요. 친서의 내용
이 동양 평화와 한국의 보호국화에 초점이
맞춰져 있는데, 피고의 방한 목적도 이와
무관하지 않을 것 같군요.

이토 히로부미　동양의 맹주인 일본이 동
양 평화를 책임지기 위해서 한국을 어떻게

을사조약
광무 9년인 1905년에 일본이
한국의 외교권을 빼앗기 위하여
강제적으로 맺은 조약을 가리킵
니다.

손탁 호텔은 서울 중구 정동에 있던 우리나라 최초
의 서구식 호텔이다.

안중근

독립운동가로, 돈의 학교를 설립해 인재 양성에 힘썼고, 1907년 연해주로 망명해 의병 운동에 참가했으며, 1909년 만주의 하얼빈 역에서 이토 히로부미를 사살했습니다.

하면 좋을지, 고종 황제와 머리를 맞대고 해답을 찾고자 왔을 뿐입니다.

판사 그런데 원고는 피고를 만나는 것을 꺼렸다고 들었는데, 무슨 사정이 있었습니까?

이토 히로부미 사정은요. 그런 것은 없었는데, 고종 황제가 병환이 있다고 하여 며칠 만나 뵙지 못한 것뿐입니다.

판사 원고에게 묻겠습니다. 피고가 원고를 매우 뵙고 싶어 했는데 원고가 아프다는 핑계로 물리쳤다는 얘기를 들었습니다. 아프다는 건 핑계 아니었습니까?

고종 황제 전혀 아니라고 할 수는 없지만 좀 사정이 있었어요. 지난번에 한일 의정서 문제로 피고인 이토 히로부미가 한국에 왔었지 않습니까? 그를 가볍게 봤다가는 큰코다치겠다는 생각에서 약간 시간을 둔 것입니다. 그가 무슨 일로 왔는지 알아야 내가 거기에 대처할 수 있을 것 같아서, 그와 관련된 자료와 정보를 수집하느라 시간이 좀 걸렸소이다. 지피지기면 백전백승 아니겠소?

판사 그럼 일부러 피고를 피하셨다는 거군요. 피고가 동양 평화를 위한 방안을 원고와 같이 찾고자 왔다는데 당장 만났어야 했던 것 아닌가요?

김딴지 변호사 피고는 동양 평화를 들먹거리다가 끝내 우리의 애국지사인 안중근에게 혼나고도 아직도 정신을 못 차린 모양입니다. 일본이 아무리 동양 평화를 들먹거려도 결국은 한국을 보호국으로 만들려는 수작에 지나지 않았습니다.

하지만 언제까지나 미룰 수도 없어서 닷새 정도 흐른 뒤에 알현을 허락했습니다.

나카무라 변호사 이토 히로부미 의장이 가장 듣기 싫어하는 게 안중근에 대한 이야기입니다. 더 이상 그의 이름을 거론하지 마시기 바랍니다.

고종 황제 김 변호사! 아주 잘 지적하였소.

이토 히로부미가 한일 의정서를 체결할 때 나를 희롱하고 위협하였기 때문에 그와 가까이하는 것이 싫었습니다. 그가 특사로서 나를 만나고자 하였지만, 병환을 이유로 차일피일 미루다가 닷새 뒤에야 이를 허락했습니다.

판사 원고가 피고를 만나기로 했다는 것은 어느 정도 피고에 대한 정보를 확보했다는 의미이기도 합니까?

고종 황제 이토 히로부미에 대한 정보를 일부러 수집할 필요도 없었습니다. 그 자신이 대신들이나 기자들을 만나 공공연하게 자신이 한국을 보호국으로 만들고자 왔다고 떠벌리고 다녔기 때문에 신문이 연일 그와 관련된 기사들로 도배될 정도였거든요.

판사 피고의 보호국화 방안에 대해 원고는 나름의 대처 방안을 마련하셨을 텐데요, 어떻게 대처하셨습니까?

고종 황제 뭐 특별한 것은 없었고, 이토 히로부미가 평소 주장하던 동양 평화론을 통해 해법을 찾고자 했어요. 즉 한 나라의 국모를 시해하고, 한국의 중립화 선언을 무시하고 침입한 점, 내가 추진하던 광무개혁을 짓밟은 것이 그가 말하는 동양 평화인지를 따져 물었습니다.

판사　피고로서는 대답하기 곤란했을 듯한데요. 피고는 원고의 말을 듣고 어떻게 느끼셨나요?

이토 히로부미　고종 황제의 말씀을 듣고 나는 참 답답하다는 생각이 들었습니다. 그 당시 힘없으면 강대국에게 먹히는 세상인데 어찌 한국이 생존할 수 있겠느냐고 반문하였습니다. 더욱이 지금 독립을 유지할 수 있는 것도 오로지 일본 덕택인데 무슨 불만이 그렇게도 많은지 큰 소리로 따져 물었습니다.

판사　피고의 말을 듣고 있으면 그럴 듯한데, 곰곰이 생각해 보면 다른 나라가 한국을 빼앗기 전에 일본이 먼저 차지해야 한다는 속셈을 그대로 드러내 보이는 것 같아 안타깝군요.

김딴지 변호사　피고는 자기중심적인 과대망상증에 사로잡혀 있는 것 같습니다. 그가 주장하는 동양 평화론은 자기 편의대로 해석하는 측면이 강합니다. 당시 고종 황제와 이토 히로부미가 함께한 자리에서 오고간 내용이 중요하기 때문에 그 자리에 통역관으로 배석하였던 박용화를 증인으로 신청합니다.

판사　허락합니다. 증인은 선서한 뒤에 성실히 답변하시기 바랍니다.

　박용화는 일본 유학생 출신 관리로 주로 일본과의 외교를 담당하였는데, 을사 6적의 친일파로 지목되어 암살을 당하였다. 고종 황제에게 불리할 것이라는 우려도 있었지만, 조금이라도 양심이 있다면 두 번씩이나 신의를 저버리지는 않을 것이라는 생각에 증인으로 세운 것이다.

김딴지 변호사　먼저 고종 황제와 피고인 이토 히로부미가 만났을 때의 분위기를 말씀해 주시겠습니까?

박용화　당시 이토 히로부미는 고종 황제와 동양 평화를 논의하려던 것이 아니라, 한국의 보호국화 문제를 담판 짓고자 하였습니다. 당시 이토 히로부미는 거만한 태도로 고종 황제를 몰아붙였지만, 고종 황제는 매우 낭패스런 상황에서도 차분하게 외교권을 일본 정부에 넘기라는 제안을 거부하였습니다. 고종 황제는 서구 열강의 식민지로 전락한 열등국인 아프리카처럼 되지 않을까 우려하셨던 것입니다.

김딴지 변호사　당시 피고가 고종 황제에게 내놓았던 보호 조약안을 어렵사리 구했습니다. 영국인 베델이 발행한『코리아 데일리 뉴스』1905년 11월 17일 자에 당시 피고가 제안했던 보호 조약 내용이 특종으로 보도되었습니다. 증인, 이 자료가 당시 피고가 제안한 보호 조약안이 맞습니까?

박용화　맞습니다. 어떻게 100년이나 흐른 지금에도 그런 자료가 남아 있나요? 신기하군요.

다른 얘기입니다만, 아까도 말씀드렸지만 그 자리에는 네 명밖에 없었거든요. 그래서 그 자료를 제가 흘린 게 아니냐고 하야시 곤스케 공사가 의심해서 곤욕을 치르기도 했습니다. 하지만 제가 제보한 것은 아닙니다. 아마 고종 황제께서 반일 여론을 불러일으키기 위해

『코리아 데일리 뉴스』의 기사 내용
1. 황제 아래 전국을 통치하기 위해 일본인 총감을 임명할 것 2. 각 개항장에 일본인 행정관을 임명할 것 3. 한국 외교 사무를 도쿄로 이양할 것 4. 일본의 승낙 없이 어떠한 약속도 다른 외국과 행하지 않을 것

언론에 제공한 것이 아닌가 합니다.

김딴지 변호사   증인은 오늘 참으로 중요한 증언을 해 주셨습니다. 고종 황제가 자료를 언론에 제공했다면 이는 보호 조약을 무산시키기 위한 것이기 때문에, 고종 황제가 이를 거부하였다는 명백한 증거가 될 것입니다. 증거 자료로『코리아 데일리 뉴스』를 제출합니다.

판사   보호 조약 내용이 대체 어떤 것이기에 그토록 원고가 반대했는지 궁금했었는데, 이를 보니 원고가 거부했을 만하다는 생각이 듭니다.

김딴지 변호사   판사님께서 그리 말씀해 주시니 감사합니다. 그렇습니다. 보호 조약의 내용을 보면 고종 황제가 거부하는 것은 당연한 것이었습니다. 총감을 두고 한국을 통치하겠다고 하고, 특히 외교권을 일본에 넘기라고 한 조항은 한국을 송두리째 빼앗겠다는 것으로밖에 해석이 안 됩니다.

증인께 묻겠습니다. 왜 피고가 그토록 외교권에 집착했다고 생각하십니까?

박용화   저는 이토 히로부미가 한국의 외교권을 장악하여 한국을 식물 국가로 만들려고 한다고 이해했습니다. 만약 외교권을 빼앗기면 한국은 더 이상 독립국이 아니라 일본의 종속국과 별반 다를 게 없기 때문입니다.

김딴지 변호사 　이를 보면 일본이 러일 전쟁을 일으킨 목적은 한국을 식민지로 만들려는 데 있었던 것이 분명합니다. 러일 전쟁은 곧한국 침략 전쟁이었던 셈인 겁니다. 피고는 동양 평화를 들먹거리면서 한국을 자신들의 식민지로 만들고자 무례하게도 일본의 '보호국안'을 받아들일 것을 고종 황제에게 강요했던 것이지요.

박용화 　네. 고종 황제는 거듭 이토 히로부미의 제안을 거부하면서, 사안이 중대한 만큼 정부 관료들에게 자문을 구하고 인민들의의향을 살펴야 한다며 즉답을 피했습니다. 그런데 이토 히로부미는 말꼬리를 잡고는 쓸데없이 결정을 미룬다면 곤란한 상황에 처할 것이고, 손해 또한 클 거라고 하면서 다시 한 번 윽박질렀어요.

김딴지 변호사　피고의 꼬장꼬장한 말투와 그처럼 무례한 태도를 처음 겪으셨기 때문에 고종 황제께서 적잖이 놀라셨을 텐데요.

박용화　무척 당황하시는 기색이 역력했습니다. 이토 히로부미는 고종 황제의 기미를 알아채고는 더욱 다그치면서, 일본의 보호국 제안을 받아들이겠다는 뜻을 대신들에게 반드시 전달하겠다고 약속하시라고 몰아세웠습니다.

김딴지 변호사　고종 황제를 뵙는 자리에서 피고가 외람되게 윽박지르며 한국을 보호국으로 할 것을 강요했다는 말입니까?

판사님! 아무리 다른 나라의 신하라고 할지라도 예의는 갖춰야 하는 것이 아닙니까? 이는 결코 가볍게 넘어갈 사안이 아니라 생각됩니다. 현재 이 법정을 지켜보고 계시는 한국인 모두가 분개하고 있을 것입니다.

판사　이에 대해 피고는 답변할 수 있습니까?

이토 히로부미　원고 측 변호인이 용케도 관련 자료를 찾아냈군요.

모든 일은 한국을 위한 것이었고 고종 황제를 보호하려는 충심 어린 마음에서 나온 제안이었습니다. 다만 제가 조금 과격하게 고종 황제를 대했던 것은, 폐하께서 우유부단하고 겁이 좀 많으신 것 같아 금방 나의 제안을 받아들이시라고 조급한 마음에서 그렇게 한 것이니 마음에 담아 두지 말기 바랍니다.

한순간 방청석이 술렁거렸다. 맞는 말이라며 쑥덕거리는 사람도 있고, 고개를 저으며 인정하기 어렵다는 사람도 있다. 고종 황제는 이러다간 정말로 바보가 되겠다는 생각이 들어 벌떡 일어섰다.

고종 황제　뭐라고? 단지 나를 떠보기 위해 겁을 준 것뿐이었다고? 이런 무엄한지고. 내가 당신이 온다고 해서 특별히 예식원에 일러 최대한 위엄과 격식을 갖춰 맞이하도록 했고, 이런저런 값비싼 선물까지 줬는데도 불구하고 나를 농락하다니. 내가 애초에 네놈과 상종하지 말았어야 했는데, 하도 애걸해서 알현을 허락했던 내 불찰이 크구나.

이토 히로부미　뭘 오해하신 듯한데, 노여움을 푸시고 제 말을 들어 보십시오. 한국, 중국, 일본의 동양 평화를 영원히 유지하는 데 가장 큰 문제가 한국이었습니다. 한국은 자신들의 영토 하나 보존하지 못하고 무분별하게 청나라와 러시아를 끌어들임으로써 이들의 각축장이 되었고 전쟁까지 일어났습니다. 그렇기 때문에 외국과의 문제를 우리 일본이 도맡아 해결하는 것이 한국을 위해서도 또한 동양 평화를 위해서도 반드시 필요했던 것입니다. 일본은 오로지 동양 평화와 한국 황실의 안녕과 존엄을 유지시키고자 최선을 다했던 겁니다. 외교권을 제외한 모든 것은 고종 황제께서 마음대로 하셔도 된다고 말씀드렸고, 한국의 통치에 간섭할 생각은 추호도 없었다는 점을 이 자리에서 다시 한 번 말씀드립니다.

판사　방청객 여러분! 정숙해 주시기 바랍니다. 다시 이러한 소동

칙명
왕이 내린 명령을 가리키는 말
로, '어명'이나 '왕명'과 바꾸어
쓸 수 있습니다.

전권 위임
일을 책임지고 처리할 수 있는
일체의 권한을 맡긴다는 의미입
니다.

이 일어난다면 재판을 비공개로 진행할 수도 있습니다. 원고와 피고 또한 상대방을 자극하는 말은 삼가시기 바랍니다. 원고 측 변호인은 증인 신문을 계속하세요.

김딴지 변호사　　알겠습니다. 사필귀정이라고 했습니다. 정의는 우리나라를 저버리지 않을 것입니다. 증인께 묻겠습니다. 지금까지 회의 내용을 들어 보면 별다른 얘기가 없는데, 어떻게 해서 회의 시간이 3시간 30분이나 되었습니까?

박용화　　아마 이토 히로부미는 고종 황제와 독대하여 보호국화 문제를 담판 지으려 했던 것으로 보입니다. 하지만 고종 황제가 계속해서 거부하자 방법을 바꾸려고 했던 것 같습니다.

김딴지 변호사　　어떻게 말입니까?

박용화　　이토 히로부미가 돌연 이 문제를 외부대신과 일본 공사 간의 협의를 통해 결정하자는 안을 제시했습니다. 아마도 공식적인 절차를 통해 자신의 주장을 관철시키고자 했던 것 같습니다. 하지만 이를 위해서는 고종 황제의 **칙명**이나 **전권 위임** 등이 필요했지요.

　　이에 이토 히로부미는 고종 황제에게 칙명을 요구했는데 고종 황제는 단지 "정부 대신들과 잘 상의하도록 하라"고만 말씀하셨고, 이토 히로부미가 조속히 칙명을 내려 달라고 거듭 요구하면서 시간이 길어지게 되었습니다.

김딴지 변호사　　어떻게 결말이 났습니까?

박용화　　두 분의 신경전이 대단했습니다. 결국 고종 황제께서 "속히 조치를 취하겠다"고 하셨는데, 이토 히로부미가 이를 어떻게 이해했는지 매우 만족해하며 자리에서 물러났습니다.

김딴지 변호사   고종 황제께서 "속히 조치를 취하겠다"고 말씀하신 것이 피고의 요구에 따라 '칙명'을 내리겠다는 의미였는지는 확인할 수 없는 거군요.

박용화   해석은 각자 하는 것이기 때문에 어찌 주장해도 뭐라 할 수 없는 것이 아닌가 합니다. 여하튼 당시 제가 이토 히로부미에 대해 느낀 점은, 매우 집요하고, 자신은 무엇이든 할 수 있고 한 나라의 황제라도 자기 마음대로 주무를 수 있다는 자만심이 가득한 사람이라는 것이었습니다.

지금에 와서 생각해 보면, 이토 히로부미가 고종 황제로부터 '칙명'이란 말을 들으려 했던 것은, 이를 통해 대신들이 보호 조약 체결에 반대하지 못하도록 쐐기를 박고 일을 일사천리로 진행시키려는 계략이었던 것 같습니다.

김딴지 변호사   피고는 한국을 보호국으로 만들려는 분명한 의도를 가지고 한국에 건너왔고, 고종 황제와 독대하여 이를 관철시키려 했지만 고종 황제께서 완강하게 거부하여 뜻을 이루지 못하였습니다. 이에 피고는 이를 공식화하여 외부대신과 일본 공사가 보호 조약안에 조인하는 것으로 방향을 선회한 듯합니다. 이상입니다.

판사   증인, 수고하셨습니다.

나카무라 변호사   원고 측 변호인이 신문 쪼가리 하나를 증거 자료로 확보했다고 상당히 우쭐거리는데 눈에 많이 거슬립니다. 또한 박용화 증인은 당시에는 친일파의 한 사람으로서 상당한 활약을 했는

고문 정치

일본이 한국을 자기들의 식민지로 삼으려고 고문을 파견하여 정치에 관여한 것을 말합니다. 1904년 제1차 한일 협약을 체결함으로써 그 발판이 마련되었지요.

데, 오늘에 와서 보니 180도 달라져 버렸네요. 사람이 줏대가 있어야지, 왔다 갔다 하면 헷갈리기만 합니다. 판사님, 박용화 증인에 대한 신문을 요청합니다.

판사　피고 측 변호인은 박용화 증인을 신문해도 좋습니다.

나카무라 변호사　당시 자리에 함께 있었던 고쿠부 서기관에 따르면, 이토 히로부미 의장이 제안한 한국의 보호국화를 고종 황제께서 완강하게 거절하지는 않았고, 어떤 내용이 담겨 있는지에 대해서는 아랑곳하지 않고 단지 형식만을 남겨 달라고 했다는데, 증인은 듣지 못했습니까?

박용화　고쿠부 서기관이 뭔가 잘못 알고 계신 듯합니다. 당시 보호국화 문제에서 가장 핵심적인 사안은 외교권 문제였습니다. 일본 측에서는 외교권을 넘겨줄 것을 요구하였고 한국 측에서는 이를 거부하였던 것입니다.

　　당시 외교 문제는 제1차 한일 협약에 따라 소위 '고문 정치'를 통해 시행되고 있었는데, 미국인 변호사 스티븐슨이 감독하고 있었습니다. 고종 황제께선 이러한 형태의 간섭은 인정하지만, 외교권 자체를 일본이 가져가는 것에 대해서는 반대하였던 것입니다.

판사　일본이 한국의 외교권을 완전히 가져가면 한국은 독립국으로서의 의미를 잃어버리는 것이 아닌가요? 그렇다면 거부할 만하지 않은가 싶은데요. 박용화 증인이 아주 깔끔하게 정리해 주셨기 때문에 피고 측 변호인의 추가 질의가 없는 듯합니다. 증인, 수고하셨습니다.

나카무라 변호사　판사님, 박용화의 증언만으로는 당시 상황을 살피는 데 한계가 있어서 증거로 채택하기는 곤란하다고 생각됩니다. 이에 당시 같이 배석했던 고쿠부 서기관을 증인으로 신청합니다.

판사　허락합니다. 증인은 나와서 선서하시기 바랍니다.

쓰시마 섬 사족 출신인 고쿠부는 일찍이 한국어를 배워 외교관의 길을 걷게 된 인물로 당시 이토 히로부미의 통역자로 활동하였다. 때문에 원고 측에서 보면 약간 껄끄러운 존재이다. 고쿠부는 선서를 한 뒤에 증인석에 앉았다.

나카무라 변호사　이토 히로부미 의장이 고종 황제를 알현한 다음 날인 11월 16일에 한국 대신들을 자신의 숙소인 손탁 호텔로 초대하였지요? 그때 누가 참석했습니까?

고쿠부　그 자리에 참석한 사람은 참정대신 한규설을 비롯하여 이지용, 이하영, 이완용, 권중현, 이근택, 민영기, 심상훈 등 여덟 명이었습니다. 당시 외부대신 박제순은 하야시 곤스케 일본 공사와의 회견 때문에 참석하지 못했습니다. 이토 히로부미 의장이 모임을 주도했는데, 고종 황제가 정부 각료들과 협의하여 보호국안을 결정하여 처리하기로 약속했다고 전하였습니다. 그리고 일본 정부가 한국을 보호국으로 만들고자 하는 이유를 충분히 설명하였습니다.

나카무라 변호사　한국 대신들이 전원 참석하였군요. 증인께 묻겠습니다. 대신들이 고종 황제로부터 보호 조약을 빨리 협의하여 조속히 체결하라는 칙명을 받고 모두 손탁 호텔로 모여든 거지요? 증인은 이토 히로부미 의장과 함께 고종 황제를 알현하였고 그다음 날 손탁 호텔 모임에도 참석하였기 때문에 어느 누구보다도 당시 상황을 잘 알고 있을 텐데요. 어떻게 생각하십니까?

고쿠부　이토 히로부미 의장도 그런 뉘앙스로 대신들에게 손탁 호텔에 불러 모은 이유를 설명했습니다. 저 또한 대신들이 고종 황제로부터 칙명을 받고 보호 조약 문제를 이토 히로부미 의장과 협의하려고 왔을 것이라고 여겼습니다. 아마 전날 고종 황제로부터 이토 히로부미 의장과의 회의 내용을 전해 듣고 대책을 논의했을 것입니다. 그래서인지는 잘 모르겠지만, 대신들의 표정은 무덤덤하였습니다.

나카무라 변호사　내가 듣기로는 일부 대신들의 반발이 있었다고 하는데 이에 대해 설명해 주시겠습니까?

고쿠부　외국 물을 먹은 이하영, 이완용 등은 이토 히로부미 의장의 말에 동조하였습니다만, 권중현과 한규설은 이에 반대하였습니다. 이하영은 한국이 오늘 이만큼 독립국이 된 것은 모두 일본의 원조와 덕택이 있었기 때문에 가능했다고 말하였습니다. 이완용은, 일본이 한국 때문에 두 번이나 큰 전쟁을 치렀으니 일본이 요구하는 것은 무엇이든지 들어줘야 한다고 주장했습니다. 이토 히로부미 의장은 이완용의 발언에 매우 흡족해하며, '탁견과 용기를 갖춘 비범한 인물'이라고 칭찬을 아끼지 않았습니다.

나카무라 변호사　이하영과 이완용 대신은 역시 외국 물을 먹어서

그런지 상황 판단이 빠르군요. 그런데 한규설과 권중현 대신은 이에 반대 입장을 표명했다고요?

고쿠부　　한규설은 고종 황제가 말씀하신 바와 같이 독립국의 형식만이라도 갖춰 줄 것을 요구하였습니다. 아마 전날 고종 황제와 이 문제에 대해 대책을 논의했던 것이 아닌가 합니다.

나카무라 변호사　　당시 한국은 거의 식물 국가나 마찬가지였는데 계속 독립국을 유지하겠다는 것이 말이 됩니까? 한국은 본래 청나라의 속국이었는데 일본이 청일 전쟁을 치러 독립시켜 주었고, 그다음에는 많은 인명과 돈을 쏟아부은 러일 전쟁을 통해 러시아로부터 한국을 지켜 줬습니다. 이제는 오히려 하루빨리 일본의 보호를 받아 건실한 국가로 거듭나는 것이 올바른 선택이 아니었을까요? 때문에 손탁 호텔 회의는 한국의 대신들이 고종 황제의 칙명을 받아들이고 한국이 일본의 보호국이 되는 것이 한국을 위한 길임을 이해하게 된 자리였다고 생각합니다. 이상입니다.

김딴지 변호사　　판사님, 피고 측 변호인은 억지 주장을 하고 있습니다. 고종 황제께서 마치 대신들에게 칙명을 내린 것처럼 유도하고 이를 기정사실화하려 하고 있습니다. 당시 정황을 다시 되짚어 보기 위해 고쿠부 서기관의 신문을 요청합니다.

판사　　네, 허락합니다.

김딴지 변호사　　증인께 묻겠습니다. 피고가 왜 급히 대신들을 손탁 호텔로 불러들였습니까? 마치 자기 신하인 것처럼 한 나라의 대신들을 오라 가라 할 수 있나요?

고쿠부　　강제로 오라고 한 것이 아닙니다. 그때가 오후 네 시쯤 되었는데요, 이토 히로부미 의장께서 대신들에게 시간 있는 분들은 손탁 호텔에서 커피 한잔 하자고 하자 다들 우르르 달려온 것입니다. 단지 커피 타임을 가졌을 뿐입니다. 손탁 호텔 커피가 스타벅스나 까페베네 커피보다 훨씬 맛있지 않습니까?

김딴지 변호사　　증인은 거짓말을 하고 있습니다. 당시 모임에 참석했던 한규설 참정대신에게 들으니, 피고가 직접 중요한 회의가 있으니 4시까지 손탁 호텔로 오라고 해서 다른 대신들과 함께 갔는데, 커피를 주기는커녕 다짜고짜 고종 황제의 칙명이라며 한국과 일본이 보호 조약을 체결하게 되었으니 그리 알라는 투로 말했다고 합니다. 이게 무슨 커피 타임입니까?

판사   고쿠부 서기관, 증인은 진실만을 말해야 합니다. 위증할 경우에는 5년 이하의 징역 또는 1,000만 원 이하의 벌금에 처하도록 되어 있습니다.

김딴지 변호사   증인은 괜히 거짓말을 하여 벌을 받고 싶지 않다면 진실만을 말씀하세요. 내가 당시 참석했던 여러 대신들을 만나서 확인하였고, 심지어 손탁 호텔 종업원의 진술까지 다 받아 놓았습니다.

증인께 묻겠습니다. 피고와 하야시 곤스케 일본 공사가 11월 17일을 보호 조약 체결 디데이로 잡았다는 사실을 알고 계시죠?

고쿠부   네, 얼핏 들은 것 같습니다.

김딴지 변호사   증인, 대충 대답하지 말고 분명하게 진술하시기 바랍니다. 궁금한 것은, 피고가 보호 조약 체결 디데이 전날, 그러니까 11월 16일에 왜 모든 대신들을 자신의 숙소로 불러들였을까 하는 점입니다. 피고는 고종 황제를 뵙는 자리에서 결정된 사항을 대신들에게 알리는 것도 필요했겠지만, 그보다는 다음 날 보호 조약을 관철시키기 위해 사전에 대신들을 입단속하기 위해 모이도록 한 것이 아닐까 하는 의문이 드는데, 증인은 어떻게 생각하십니까?

고쿠부   그 말씀을 들어 보니 그런 것도 같습니다. 제가 어찌 이토 히로부미 의장의 깊은 뜻까지 헤아릴 수 있었겠습니까?

김딴지 변호사   증인께서는 여전히 모르쇠로 일관하려고 하는데요,

그럼 다른 질문을 하겠습니다. 당시 모임의 분위기는 어떠했습니까? 조금 전 증인의 말과 같이 보호 조약에 찬성하는 측과 반대하는 측으로 갈렸다면 서로 간에 충돌이 있었을 법도 한데요. 모임에 참석했던 한규설 대신의 말을 빌리면, 피고가 신경질적으로 "한국은 나라를 지킬 만한 힘이 없어서 항상 동양 평화를 해치는 화근이다"라고 말하고 보호 조약을 시급히 체결해야 한다고 윽박질렀다는데요.

고쿠부　　뭐라고 답변 드리기 어렵습니다. 다만 분위기가 그리 화기애애하지는 않았습니다. 자기네 나라가 힘이 약해 다른 나라의 보호국으로 된다는데 어느 신하가 흔쾌히 받아들이겠습니까?

김딴지 변호사　　감사합니다. 증인이 몸을 사리며 극히 조심스럽게 진술하였지만, 오히려 그 안에 진실이 담겨 있다는 것이 느껴집니다. 피고는 하야시 곤스케 공사와 함께 보호 조약 체결을 11월 17일로 잡아 놓았기 때문에, 그 전날 대신들을 겁박하여 위축시키고 보호 조약의 필요성을 강요해서, 다음 날 최종 결정일에 이탈자가 나오지 않도록 철저히 단속했던 것으로 보입니다. 이상입니다.

판사　　피고가 한국에 온 지 며칠 만에 대신들을 휘어잡는 것을 보니 오랜 세월에 걸쳐 숙성된 정치적 수완과 연륜이 그대로 배어나는 듯합니다. 보호 조약과 관련해 손탁 호텔 회의 외에 양국의 외교 책임자들 간에도 논의가 이뤄졌다고 하는데, 그와 관련하여 양측 변호인의 변론을 듣도록 하겠습니다.

김딴지 변호사　　본래 조약은 황제로부터 전권을 위임받은 외부대신이 먼저 상대국 책임자와 검토하고 이를 정부에 올려 논의를 거친 뒤에 황제께 아뢰는 것이 관례였습니다. 두 사람 간에 논의된 내용이 무엇이고 어떤 결론에 도달했는지가 매우 중요하다고 생각됩니다. 이에 박제순 외부대신을 증인으로 요청합니다.

을사조약에 조인한 외부대신 박제순

　머리를 짧게 자른 박제순이 증인 선서를 마친 뒤 무거운 발걸음으로 증인석에 앉았다.

판사　네. 오늘 재판은 양측의 증인전이 되겠군요.

김딴지 변호사　증인은 외국과의 조약을 책임지는 외부대신으로서 보호 조약이 체결되기 전에 이와 관련하여 고종 황제를 뵌 적이 있습니까?

박제순　네, 뵈었습니다. 11월 15일 밤 9시 정도였을 겁니다. 이토 히로부미가 긴요한 일로 고종 황제를 알현한다기에 끝나기를 기다렸는데, 고종 황제께서 급히 찾는다는 연락을 받았습니다. 참정대신 한규설과 함께 한 걸음에 달려갔습니다. 고종 황제께선 수심이 가득한 얼굴로, "러일 전쟁에서 승리한 일본을 완전히 무시할 수 없는 상황에서 최소한 보호국이 되는 것만은 막아야 하는데 이를 어떻게 처리해야 할지 모르겠다"고 말씀하셨습니다.

김딴지 변호사　당시 고종 황제가 증인에게 일본 공사와 보호 조약과 관련하여 협의하라는 칙명이라든가 전권을 위임하겠다는 언질을 주었습니까?

박제순　고종 황제께선 "교섭 타협의 방도를 강구하라"고만 하셨습니다. 저는 보호 조약과 관련하여 일본 공사의 입장을 확인하고 대책을 마련하라는 뜻으로 이해했습니다.

김딴지 변호사　증인은 고종 황제로부터 칙명이나 전권 위임을 받지 않았다는 것이군요. 그럼 언제 일본 공사를 만났습니까?

박제순　이토 히로부미가 참정대신 한규설 등 대신들을 만나고 있을 때 일본 공사 하야시 곤스케를 만났습니다.

김딴지 변호사　하야시 곤스케 공사가 먼저 증인을 만나자고 했다는데, 그가 왜 증인을 찾았나요?

박제순　보호 조약과 관련하여 양국 담당자 간에 공식적으로 첫 조약 절차를 밟고자 했던 것으로 생각됩니다.

김딴지 변호사　하야시 곤스케 일본 공사와는 어떤 얘기를 나눴습니까?

박제순　하야시 곤스케 공사는 한국의 황실 및 영토의 안전을 유지하고 동양 평화를 유지하기 위해서는 한국의 외교권 문제를 해결해야 한다면서 조심스럽게 조약안을 꺼내 보여 주었습니다. 미리 짐작은 했지만 그것을 보는 순간 아찔했습니다. 이 난국을 어찌 헤쳐 가야 할지 머릿속이 온통 새하얘졌습니다.

김딴지 변호사　조약안을 보여 주었다고요? 일본이 한국을 보호국으로 만들고자 모든 것을 미리 준비하고 있었다는 얘기로군요. 조약안에는 어떤 내용들이 담겨 있었나요?

박제순　보호 조약안은 이전에 김 변호사께서 제출하였던 『코리아

데일리 뉴스』에 기사로 실린 것과 동일하였습니다. 일본이 한국에 대한 실권을 가지고 고종 황제를 꼭두각시로 만들려고 하는 것과 다를 게 없었습니다. 저는 하야시 곤스케 공사에게, 지금 이대로 보호 조약안을 체결하면 고종 황제와 정부를 곤경에 빠뜨리고 국민들의 반발을 불러올 게 뻔한데 굳이 이를 체결할 이유가 어디 있겠느냐며 반대 입장을 분명히 했습니다.

김딴지 변호사   하야시 곤스케 공사는 증인의 반대를 어떻게 받아들였습니까?

박제순   당연히 반대할 줄 알고 있었다는 듯이 별다른 문제를 제기하지는 않았습니다. 아마 저를 만난 것은 조약의 절차를 밟기 위한 형식적인 자리였던 것 같습니다. 그는 대뜸, 다음 날인 11월 17일 오전 11시에 모든 대신들과 함께 일본 공사관에서 만나 문제를 논의하자고 하고선 헤어졌습니다.

김딴지 변호사   박제순 증인에 의해 고종 황제가 칙명이라든가 전권 위임과 관련해 어떠한 입장도 표명하지 않은 것이 분명히 밝혀졌습니다. 오로지 피고가 보호 조약 체결을 신속히 처리하려는 욕심에서 칙명을 요구하였고, 고종 황제는 이를 끝까지 거부한 것이지요. 이상입니다.

판사   증인, 수고하셨습니다. 박제순 외부대신은 친일파라고만 알고 있었는데, 오늘 증언하는 것을 들으니 이때까지만 해도 정신이 온전했던 모양입니다.

나카무라 변호사   판사님! 한쪽의 이야기만 들어 보아서는 공정한 판결을 내리기 어려우니, 박제순 외부대신과 협의를 진행했던 일본 공사 하야시 곤스케를 증인으로 신청합니다.

판사   좋습니다. 하야시 곤스케 공사, 증인 선서 하시기 바랍니다.

　　증인 선서를 마친 하야시 곤스케가 증인석에 앉았다.

나카무라 변호사   한일 관계 문제로 바쁘실 텐데 시간을 내 주셔서 감사합니다. 당시 보호 조약을 체결하는 데 한국 대신들의 반대가 적지 않았던 것 같은데요.

하야시 곤스케 중요한 자리인데 당연히 참석해야죠. 오히려 불러 주셔서 감사합니다.

내가 7년여 동안 일본 공사를 지냈는데, 한국의 보호국화가 쉽게 해결될 것이라고는 생각하지 않았습니다. 하지만 결국 이를 실현시킬 수 있을 것이라는 확신은 가지고 있었습니다.

나카무라 변호사 박제순 외부대신의 증언에 따르면, 증인을 만난 것은 단순히 공식적인 보호 조약 체결을 위한 절차였다고 하는데 맞습니까?

하야시 곤스케 맞습니다. 모든 외국과의 조약은 담당자인 외부대신들 간의 협의에서 시작되는 것이 관례이지 않습니까?

나카무라 변호사 박제순 외부대신 자신은 고종 황제로부터 어떠한 칙명이나 전권 위임도 받지 않았다고 하는데, 그럼에도 협상 대상자가 될 수 있습니까?

하야시 곤스케 저는 박제순 외부대신이 당연히 칙명이나 전권 위임을 받고 첫 장관 회의에 참석한 것으로 믿고 있었습니다. 저는 **외상**이 아니었지만 천황으로부터 전권을 위임받았기 때문에 절차상 아무런 하자가 없었고 박제순 외부대신도 그런 줄로 알고 있었습니다. 만약 박제순 외부대신이 그렇게 말했다면 다른 저의를 가지고 증언하지 않았을까 하는 생각이 듭니다.

나카무라 변호사 박제순 외부대신이 무슨 저의를 가지고 있었다는

외상
외무성의 우두머리를 이르는 말로, 우리나라의 외교 통상부 장관에 해당합니다. 주로 외교 정책이나 통상, 조약 체결 따위의 대외 행정 사무를 맡아봅니다.

거지요?

하야시 곤스케　　자신은 대표적인 위치에 있지 않았기 때문에 자신이 직접 서명한 보호 조약은 무효라고 주장하려는 꼼수를 부리는 것이 아니냐 하는 겁니다. 박제순 외부대신은 외교 분야에서 잔뼈가 굵은 사람입니다. 외교와 관련된 절차나 내용을 잘 알고 있는 박제순이 칙명이라든가 전권 위임을 받지 않고 그 자리에 나올 수는 없는 것입니다.

나카무라 변호사　　그렇군요. 박제순 외부대신은 증인과의 만남이 형식적인 절차였을 뿐이라고 항변하는데, 증인의 입장도 그와 마찬가지인가요?

하야시 곤스케　　공식적인 자리임에는 틀림없었습니다. 하지만 형식적인 만남은 아니었습니다. 제가 조약안을 꺼냈던 것은 협상을 하고자 한 것이고, 실제 보호 조약 체결의 필요성을 여러 번 설명하였습니다.

나카무라 변호사　　박제순 외부대신은 어떤 반응을 보였습니까?

하야시 곤스케　　처음에는 적이 놀라는 눈치였지만 곧 평정심을 되찾고 보호 조약을 체결할 수밖에 없다고 체념하는 듯했습니다. 하지만 본인이 결정할 사안이 아니기 때문에 입장을 유보한다고 하였습니다.

나카무라 변호사　　감사합니다. 이상입니다.

김딴지 변호사　　판사님! 하야시 곤스케 증인의 신문을 요청합니다.

판사　　허락합니다.

김딴지 변호사   증인이 보호 조약안을 내보이자 박제순 외부대신이 자신이 결정할 사안이 아니라며 입장을 유보했다고 했는데 사실입니까?

하야시 곤스케   네, 박제순 외부대신이 그렇게 말했습니다.

김딴지 변호사   그렇다면 당시 증인은 박제순 외부대신과 직접 보호 조약안을 조인하고자 한 것이 아닙니까? 그렇지 않고서야 어찌 박제순 외부대신이 자신이 결정할 사안이 아니라고 했겠습니까? 또한 그가 고종 황제로부터 칙명이나 전권 위임을 받지 않았다는 것이 명백하지 않습니까?

하야시 곤스케   글쎄요. 그것을 어떻게 해석하느냐는 각자의 입장에 따라 다른 것이 아닐까 합니다.

김딴지 변호사   증인이 한 발짝 뒤로 물러서는군요. 이상으로 하야시 곤스케 증인에 대한 신문을 마치겠습니다.

    11월 17일, 피고와 하야시 곤스케 공사가 디데이로 잡은 그날 공교롭게도 『코리아 데일리 뉴스』에서 관련 기사가 실린 호외가 뿌려졌는데, 당시 국민들의 반응과 자세한 상황을 알기 위해 택시를 운전하였던 나정보 씨를 증인으로 신청합니다.

판사   한국을 보호국으로 만들려는 일본의 의도가 특종으로 보도되었으니 한국 국민들에게도 큰 충격이 아닐 수 없었겠는데요. 당시 상황을 들어 보는 게 좋을 듯합니다.

나정보   선서. 나, 나정보는 진실만을 말할 것을 맹세합니다.

운전기사인 나정보는 예전에 독립 협회 회원으로 활동하였는데, 협회가 해산된 뒤에는 그곳에서 활동한 경험을 살려 국제 평화 단체에서 봉사 활동을 하고 있었다.

김딴지 변호사　택시업을 하시기 때문에 민심을 속속들이 잘 아실 거라 생각됩니다. 혹시 보호 조약 내용이 게재된 1905년 11월 17일자 『코리아 데일리 뉴스』를 보셨나요?

나정보　네. 새벽에 호외로 발행된 신문 기사를 보고 깜짝 놀랐습니다. 러일 전쟁에서 승리한 일본이 이제 한국까지 삼키려 한다는 생각에 치를 떨었습니다.

김딴지 변호사　항간의 인심이 좋지 않았을 것으로 생각되는데 당시 분위기를 전해 주시겠습니까?

나정보　제가 손님을 태우기 위해 한성의 곳곳을 누비고 다녔는데, 다른 날과 달리 길거리에 유난히 많은 사람들이 나와 무리를 지어서 걱정하는 목소리를 이곳저곳에서 들을 수 있었습니다. 동학 농민 운동 당시처럼 무슨 일이라도 터질 것 같은 분위기였습니다. 다들 국권 상실에 대한 불안감에 낯빛이 어두웠습니다.

김딴지 변호사　당시 일본군들이 한성 시내 곳곳에 배치되어 분위기가 살벌했다고 하는데 어떠했습니까?

나정보　제가 일본에 있는 것으로 착각이 들 정도로 일본 군인들이 사방에 널려 있었습니다. 무장한 일본 군인들 때문에 분위기가 무척 험악했습니다. 금방이라도 무슨 일이 벌어질 것 같았죠.

　　남산 일본 공사관에 손님을 모시고 가는데 무장한 군인들이 검문 검색을 하는가 하면, 한성 시내 곳곳에 일본군들이 배치되어 철통같이 경계하고 있더군요. 예전에 보지 못한 광경이었습니다. 그뿐만 아니라 일본 군인들이 경운궁을 안팎으로 여러 겹 둘러싸고 있었고, 광화문과 종로 일대에서는 일본 군인들이 군사 훈련을 실시한다면서 교통을 통제하고 있더군요. 신문에 보도된 것이 허무맹랑한 이야기가 아니라는 것을 직감했죠. 무섭기도 했지만 앞으로의 일이 걱정스러웠습니다.

김딴지 변호사　　감사합니다. 일본은 고종 황제를 비롯하여 대신들이 보호국 문제에 거부 입장을 밝히자 이들을 위협하여 강제로 조약을 체결하려 했던 것으로 생각됩니다. 증인이 미처 말하지 못했는데, 당시 정치가인 정교가 쓴 「대한계년사」를 보면, "한강 5곳(한강, 동작진, 마포, 서강, 양화진)에 주둔하고 있던 모든 일본 군인들이 한성으로 들어왔다. 일본 기병 700~800명, 포병 4,000~5,000명, 보병 2만~3만 명이 사방에서 거침없이 몰려들어 왔다. 우리나라 인민들은 한 발자국도 마음대로 움직일 수 없을 정도였다"라고 기록되어 있습니다. 1910년 한성의 인구가 27만여 명이었다고 하는데, 10명 중 1명은 무장한 일본군이었다고 할 수 있습니다. 당시 얼마나 무섭고 위압적인 분위기 속에서 결단의 날이 다가왔는지를 충분히 가늠할 수 있을 것입니다. 이상입니다.

우리나라 최초의
서구식 호텔

손탁 호텔은 서울 중구 정동에 있던 우리나라 최초의 서구식 호텔입니다. 1885년 주한 러시아 공사 베베르를 따라 한국에 온 독일인 손탁이 1898년에 고종 황제로부터 하사받은 건물을 객실 5개의 호텔로 만들어 문을 열었습니다.

한국 정부의 대외 관계가 확대되면서 외국 손님들을 맞이할 장소가 마땅치 않아 1902년 10월에 기존 건물을 헐고 다시 2층으로 신축하여 손탁에게 경영하도록 하면서 '손탁 호텔'이란 이름을 얻게 되었어요. 손탁 호텔은 서양 요리와 호텔식 커피숍 경영의 효시가 되었다고 합니다.

청일 전쟁 후 미국이 그 저택을 정동 구락부로 사용하면서 외교의 중심지가 되었습니다. 손탁 호텔은 당시 주요 정치인들의 회합 장소나 외국인들의 숙소로 이용되었으며, 이토 히로부미가 을사조약을 체결하기 위해 한국을 방문했을 때에도 호텔에서 묵었습니다.

1909년 손탁이 귀국한 뒤 1917년 이화 학당이 미국 감리 교회에서 모금한 성금으로(2만 3060달러) 손탁 호텔을 구입해 기숙사로 사용하다가 1922년에 손탁 호텔 건물을 철거하고 프라이홀을 건축했는데, 그것마저 1975년에 소실되어 현재 공터로 남아 있습니다.

3

고종 황제,
을사조약 비준을 거부하다

판사　자연스럽게 을사조약이 체결되었던 당시로 넘어가게 되었 군요. 본격적인 논의에 들어가기 전에 피고에게 한 가지 묻겠습니 다. 피고가 원고를 만난 지 불과 3일 만에 전격적으로 을사조약이 체 결되었는데요, 그토록 서두른 이유가 무엇입니까?

이토 히로부미　판사님도 궁금한 것은 도저히 참지 못하는 성격이 신 모양입니다. 판사님께서는 3일이라고 말씀하시지만, 당시에는 내가 한국에 오는 순간부터 보호 조약을 체결하러 왔다는 출처 불명 의 기사가 신문을 도배하였고 민심도 흉흉하였습니다. 이런 가운데 한국의 내각이 총사퇴를 하게 된다면 보호 조약 체결 자체가 무산되 어 큰 낭패를 보게 될 것이라 판단하여 밀어붙인 것입니다.

판사　매번 느끼는 것이지만, 피고의 정치적인 수완에 경의를 표합니다. 한국의 정치 9단들이 울고 갈 일입니다. 이제 본격적으로 을사조약의 체결 과정에서 무슨 문제가 있었고 과연 원고가 비준을 했는지를 밝혀 보도록 하겠습니다. 누가 먼저 변론하시겠습니까?

김딴지 변호사   제가 먼저 하겠습니다. 당시 회의를 주재하였던 하야시 곤스케를 증인으로 신청합니다.

판사   증인 하야시 곤스케는 증인석으로 나와 주시기 바랍니다.

김딴지 변호사   일본 측이 보호 조약 체결을 요구했다면 참정대신이 주재하는 대신 회의가 우선되어야 하는데, 일본 공사관에서 일본 공사가 회의를 주재했다는 게 상식에 맞는 얘기입니까? 애초부터 보호 조약 체결 과정이 외교 관례에서 어긋났다고 할 수 있는데 정통 외교관인 증인의 생각은 어떻습니까?

하야시 곤스케   별다른 뜻은 없었습니다. 마땅한 장소가 없어서 남산의 일본 공사관을 한국 대신들의 회의 장소로 빌려 드린 것입니다. 당시 11월 중순이었는데도 날씨가 무척 쌀쌀했거든요. 공사관은 지은 지 10년밖에 안 되었고 난방 시설이 잘 되어 있어 회의 장소로는 제격이었습니다. 그리고 제가 주재한 것이 아닙니다. 저는 단지 옵서버로 참석했을 뿐이고, 대신들이 궁금해하는 것을 알려 주는 정도였지요.

김딴지 변호사   하야시 곤스케 공사, 모든 자료가 증명하고 있고 회의에 참석했던 한국 측 대신들도 시퍼렇게 두 눈을 뜨고 지켜보고

비준
조약을 헌법상의 조약 체결권자가 최종적으로 확인하고 동의하는 절차를 뜻합니다. 현재 우리나라에서는 대통령이 국회의 동의를 얻어 행하고 있지요.

주재
어떤 일을 중심이 되어 맡아 처리하는 것을 뜻합니다.

옵서버
회의 따위에서 특별히 출석이 허용된 사람을 가리킵니다. 발언권은 있으나 의결권이나 발의권이 없어 정식 구성원으로는 인정되지 않지요. '참관인'이라는 말로 바꾸어 쓸 수 있습니다.

있는데 그런 거짓말을 하십니까? 뭐가 그리도 뒤가 구려서 연막을 치려 하십니까? 역사법정은 진실을 밝히는 곳인 만큼 당당하게 재판에 임해 주셨으면 합니다.

하야시 곤스케   내가 뒤가 구릴 게 뭐가 있겠습니까. 순간 나도 모르게 그리 대답한 것이니 용서 바랍니다. 내가 알고 있는 것은 성심성의껏 답하겠습니다.

김딴지 변호사   그리 말씀해 주시니 감사합니다. 한국 대신들은 일본 공사관에서 그것도 일본 공사가 주재하는 회의에 참석했다는 그 자체만으로도 위압감을 느꼈을 겁니다. 아마 적군의 포로가 된 기분이 아니었을까 합니다. 증인께 묻겠습니다. 이런 상황에서 회의가 진행되었다는 게 의아할 따름인데, 왜 굳이 대신들의 회의를 열고자 했습니까?

하야시 곤스케   솔직히 말해서 대신들에게서 무슨 의견을 듣고자 한 것은 아닙니다. 단지 고종 황제께서 대신들과 협의하여 결정하라고 말씀하셨기 때문에 한자리에 모이도록 한 것뿐입니다. 실제로 대신들의 반응도 시원치 않았습니다. 다들 보호 조약의 취지는 전날 이토 히로부미 의장으로부터 충분히 들었고 다들 그 필요성에 대해서는 인정하는 눈치였지만 어느 누구도 먼저 나서지 않았지요.

김딴지 변호사   한규설 참정대신에게 들으니, 증인이 대신들에게 보호 조약 체결을 강요하였고, 권중현 대신이 외부에서 내각으로 그와 관련된 공문이 넘어오지 않았기 때문에 회의를 통해 결정할 게 없다고 하자 무척 화를 냈다고 하던데 사실입니까?

왜 고종 황제는 폐위되었을까?

하야시 곤스케 글쎄요. 느낌은 극히 주관적인 것이기 때문에 제가 뭐라고 말씀드리기 어렵습니다. 다만 그날은 이토 히로부미 의장과 조약 체결을 마무리하기로 약속한 날이기도 한데 대신들이 서로 눈치만 볼 뿐 별다른 진척이 없어 조금 화가 나긴 했습니다.

김딴지 변호사 회의는 몇 시간 동안 진행되었습니까? 꽤 오랫동안 회의가 진행된 것으로 아는데요.

하야시 곤스케 오전 11시에 시작해서 오후 3시까지 회의를 했던 것 같습니다. 시간은 네 시간이지만 점심도 먹고 커피를 마시며 담소를 나눴기 때문에 실제로는 두 시간 정도 걸렸습니다. 그때 명동에서 가장 비싼 초밥집에서 배달하여 점심을 대접했는데 다들 밥값도 못하고 말았지요.

김딴지 변호사 공사관 회의를 통해 결론을 낼 수 없다는 것은 증인도 잘 알고 있었고, 결국 어전 회의에서 최종 결정을 할 수밖에 없다는 사실을 알고 있었지 않습니까?

하야시 곤스케 제 생각도 원고 측 변호인이 말씀하신 바와 다르지 않았습니다. 그날 점심을 먹은 뒤에 커피를 마시는데, 저와 전부터 친하게 지낸 이지용 대신이 저의 의중을 알아채고는 고종 황제께 아뢴 뒤에 결정하자는 중재안을 제시했습니다. 그래서 제가 오후 3시쯤에 궁내부 대신 이재극에게 전화를 걸어 황제 알현을 요청하였습니다.

더 이상 지체할 시간이 없어서 모두들 자가용을 놔두고 12인승

어전 회의
왕의 앞에서 나라의 중신들이 모여 국가의 중요한 일을 의논하던 회의를 말합니다.

차에 올라탄 뒤에 곧장 남산을 내려와 궁궐로 향했지요. 아마 10분도 채 안 걸렸을 겁니다.

판사　매우 다급했던 모양입니다. 급할수록 돌아가라고 하는데, 혹 딱지는 안 뗐는지 모르겠군요. 흠흠, 원고 측 변호인 계속 신문하시기 바랍니다.

김딴지 변호사　신문 자료에 따르면 당시 수많은 일본 경찰과 헌병들이 경운궁을 지키고 있었다고 하던데, 남의 나라 궁궐에 함부로 들어가 주인 행세를 하는 것은 문제가 있었던 것이 아닙니까?

하야시 곤스케　물론 우리의 천황도 아닌데 남의 나라 궁궐을 지키는 것은 우습죠. 우리가 경운궁을 지킨 것은 고종 황제를 보호하려는 것이 아니라, 대신들이 막중한 임무를 그르치고 도망치는 것을 막고 또한 고종 황제가 지난번에 러시아 공사관으로 도망쳤던 것과 같은 일이 벌어지는 것을 미리 방지하기 위한 것이었습니다.

김딴지 변호사　하야시 곤스케 공사의 증언을 듣고 있노라니, 보호 조약 체결 작전 영화를 한 편 보는 듯합니다. 피고가 극본을 쓰고, 하야시 곤스케 일본 공사가 연출하고, 한국 대신들이 출연하는 한 편의 영화 말입니다. 영화에 출연한 한국 대신들은 미리 짜 놓은 극본대로 움직였다는 생각이 머릿속을 떠나지 않습니다. 참으로 씁쓸한 기분을 억누를 수 없네요. 이상입니다.

판사　증인, 수고하셨습니다. 원고 측 변호인의 표현이 아주 적절하네요. 이젠 어전 회의 장면으로 넘어가야겠군요. 오늘 재판에서 가장 하이라이트가 될 것 같은데, 어느 측 변호인부터 변론하시겠습

왜 고종 황제는 폐위되었을까?

니까?

김딴지 변호사　판사님! 제가 먼저 하겠습니다. 우선 일본군의 삼엄한 경비에 둘러싸여 여차하면 목숨을 잃을 수도 있는 위협 속에서 어전 회의가 개최되었음을 상기시켜 드립니다. 당시 어전 회의 상황을 자세히 알기 위해 참정대신 한규설을 증인으로 신청합니다.

판사　원고 측 변호인이 오늘 유난히 변론이 많네요. 허락합니다. 한규설 참정대신은 선서하시기 바랍니다.

을사조약에 끝까지 반대하다 파면된 한규설

당시에도 고종 황제의 신임이 두터웠던 한규설은 비장한 각오로 증인 선서를 한 뒤에 자리에 앉았다.

김딴지 변호사　다시금 예전 일을 떠올리려니 답답하시겠지만, 당시의 정황과 분위기를 알려 주시기 바랍니다. 그날 경운궁 중명전에서 고종 황제를 모시고 어전 회의를 개최했지요?

한규설　그렇습니다. 회의 분위기는 무척 침울했고 말 한마디를 꺼내는 것도 무척 힘들었습니다. 평소 보호 조약안에 적극적인 모습을 보였던 이완용, 이지용 등도 고종 황제 앞에서는 거부한다고 하였습니다. 대신들이 한목소리로 두 차례에 걸쳐 아뢰었으나 고종 황제는 이를 받아들이지 않고 다시 한 번 일본 공사와 협상하라고 하신 뒤에 물러나셨습니다.

김딴지 변호사　이해가 되지 않는군요. 왜 고종 황제는 보호 조약안을 거부하지 않고 다시 협상하라고 하셨을까요?

한규설　　언뜻 이해하기 어려울 것입니다. 당시 상황은, 만약 이를 거부하면 당장 어떻게 될지 모른다는 불안감이 컸습니다. 궁궐 내에 무장한 일본군이 쫙 깔린 마당에 이를 거부했다가 이토 히로부미로부터 무슨 변고를 당할지 몰랐던 것입니다.

김딴지 변호사　　그럼 다시 협상하라고 했던 것은 무슨 의미였습니까? 무슨 속내가 있었나요?

한규설　　당시 한국으로서는 보호 조약안을 어떻게든지 처리해야만 했습니다. 거부하기에는 상황이 여의치 않았기에 이를 연기시키는 방안을 강구한 것입니다. 김 변호사도 신문에 특종 보도된 내용을 보아 아시겠지만, 이토 히로부미가 제안한 보호 조약안은 잔혹할 정도로 우리에게서 많은 것을 빼앗아 가려 했습니다. 이런 보호 조약안을 차마 받아들일 수 없었던 고종 황제는 일본 측에 협의를 요구하여 시간을 끌면서 상황을 지켜보자는 생각을 가지고 계셨던 것입니다.

김딴지 변호사　　고종 황제는 나름의 대안을 가지고 있었던 것으로 생각됩니다. 그런데 한 가지 안타까운 점은, 그 어느 누구도 그날이 피고가 디데이로 잡은 날이라는 사실을 알지 못했다는 것입니다. 한국 측의 연기 작전은 애당초 불가능했던 것입니다. 보호 조약안을 유예시키기로 결정했다는 연락을 받자 주차군 사령관저에 있던 피고가 즉시 달려왔다는 것만 보아도 이를 확인할 수 있습니다.

한규설　　저녁 8시쯤인가, 어전 회의도 끝나고 해서 퇴궐을 하려는

데, 이토 히로부미가 잔뜩 화가 난 얼굴로 회의장에 불쑥 나타나서는 탁자를 치면서 당장 고종 황제와 담판을 짓겠다며 고래고래 고함을 쳤습니다.

김딴지 변호사 회의장이 난리가 났겠군요. 고종 황제께 여쭙겠습니다. 당시 피고를 만나셨습니까?

고종 황제 내가 이토 히로부미를 만날 이유가 뭐가 있겠소. 나는 목에 종양이 생겨 말을 할 수 없다고 둘러대며 물리쳤지. 다만 대신들과 협상하여 잘 처리하라고만 일렀소이다. 이토 히로부미는 자신이 나를 보려고 들면 언제든지 만날 수 있을 거라고 착각했던 모양이오.

김딴지 변호사 피고는 한 방에 고종 황제를 눌러 자신의 뜻을 관철시키고자 했을 텐데 쉽게 안 되었군요. 고종 황제께서도 보통이 아니십니다. 증인께 묻겠습니다. 피고는 회의실로 돌아와서는 마치 자신이 황제가 된 듯이 깽판을 쳤다면서요?

한규설 회의실로 돌아온 이토 히로부미는 다짜고짜 고종 황제께서 '협상을 잘 처리하라'고 칙명을 내리셨다며, 대신들 한 사람 한 사람에게 찬성과 반대 중 하나만을 택하도록 했습니다. 만약 중앙 선거 관리 위원회에서 찬반 투표를 공정하게 관리했다면 보호 조약안은 부결되었을 것입니다.

김딴지 변호사 아니, 그건 또 무슨 이야기입니까? 고종 황제가 분명히 협상하라고 했음에도 피고가 멋대로 대신들에게 찬반만을 물은 것도 큰 잘못인데, 투표를 공정하게 관리했다면 보호 조약안이

부결될 수 있었다는 것은 무슨 말입니까? 자세히 설명해 주시기 바랍니다.

방청객들도 처음 듣는 소리라며 수군거린다. 조용히 하라는 판사의 명령과 함께 법정 내 경관들이 이들을 조용히 시킨 뒤에야 한규설의 증언이 이어졌다.

한규설　　당시 회의에 참석한 대신들은 모두 여덟 명이었습니다. 그런데 보호 조약안에 반대했던 대신들은 저를 포함하여 박제순, 민영기, 이하영 등 네 명이었어요. 여덟 명 중 반대한 측이 네 명이니 투표는 부결된 것이나 마찬가지였습니다.

김딴지 변호사　　그런데 어찌하여 보호 조약안이 통과되었습니까?

한규설　　박제순, 이하영 대신이 반대를 했음에도 불구하고 이토 히로부미가 이를 찬성 표로 포함시켰기 때문입니다. 당시 박제순 외부대신은 자신이 외교를 책임지고 있는 사람으로서 외교권을 넘길 수 없다며 반대했는데, 이토 히로부미가 고종 황제께서 이미 협상하여 잘 처리하라고 했기 때문에 찬성한 것이나 마찬가지라며 이를 찬성 측에 포함시켰습니다. 이하영 법무대신의 경우는, 이미 여러 번 한일간에 조약을 체결했기 때문에 또다시 외교권을 뺏는 것에 대해서 반대한다고 말했음에도 불구하고, 이토 히로부미가 보호 조약에 동의한 것이나 마찬가지라며 이 역시 찬성 측에 포함시켰던 것입니다. 결국 찬성 6명, 반대 2명으로 보호 조약안은 통과되고 말았습니다.

김딴지 변호사　　이승만 정권이 사사오입으로 개헌안을 통과시킨 것보다 더 황당한 일이 벌어지고 말았군요. 그런데 예나 지금이나 박제순 외부대신을 '을사오적'이라고들 하는데, 증인의 말대로라면 박제순 외부대신은 엄연히 을사오적에서 빠져야 되는 게 아닙니까?

한규설　　제가 답변 드리겠습니다. 박제순 외부대신은 찬반 투표 당시에는 반대했지만, 이후 적극적으로 반대하지 않았고 결국 외부대신으로서 보호 조약인 을사조약에 서명을 하였기 때문입니다.

김딴지 변호사　　그런데 이렇듯 황당한 투표 결과에 어느 누구도 이의를 제기하지 않았습니까?

한규설　안타깝지만, 대부분의 대신들이 나라의 운명보다는 개인의 목숨을 더 소중히 여겼던 것 같습니다. 당시 내가 내각을 책임지는 자리에 있으면서 그리하지 못했다는 게 부끄럽습니다.

고종 황제　나의 책임을 통감합니다. 이처럼 중요한 조약 건이 이렇게 쉽게 급히 처리될 줄은 꿈에도 몰랐어요. 내가 이토 히로부미를 한 방 먹었다고 생각했는데 허를 찔리고 말았소이다.

김딴지 변호사　그런데 애초에 피고가 제안한 보호 조약은 4개 조항이었는데 어떻게 5개 조항으로 늘어났습니까?

한규설　당시 나는 보호 조약안이 가결된 뒤 그만 정신을 놓고 말았습니다. 그러고는 더 이상 참정대신으로서 자격이 없다고 여겨 회의실에서 나왔는데, 이때 일본 헌병에게 이끌려 별실로 옮겨졌어요. 이토 히로부미가 날 위협하고 회유하면서 다시 회의에 참석하라고 요구했지만 "차라리 죽겠다"며 뿌리쳤습니다. 때문에 그 이후 조약안이 어떻게 수정되었는지 자세히 알지 못합니다.

김딴지 변호사　매우 상심하셨던 모양입니다.

이토 히로부미　내가 나서도 될지 모르겠는데, 그것에 관해서는 나만큼 잘 아는 사람이 없을 듯하니 내가 답해도 되겠습니까?

판사　글쎄요, 원고 측 변호인이 받아들인다면 허락하겠습니다.

김딴지 변호사　그렇지 않아도 피고에게 묻고 싶은 것이 많았는데 잘되었습니다. 어쩜 그리도 꼼수를 잘 부리십니까? 고종 황제가 "협상하여 잘 처리하도록 하라"고 했는데, 일본 특사라는 자가 한국의 매우 중요한 사안을 자기 마음대로 대신들에게 찬반을 물어 결정하는 법이 세상천지 어디에 있습니까?

나카무라 변호사　판사님, 원고 측 변호인이 흥분하여 무례하게 피고를 욕보이고 있습니다. 중지시켜 주시기 바랍니다.

판사　원고 측 변호인의 심정을 모르는 것은 아니지만, 자중하시기 바랍니다.

이토 히로부미　원고 측 변호인에게는 감정이 없으니 인신공격은 삼가 주십시오. 내가 대신들에게 찬반을 물었던 것은 밤이 늦어 회의를 빨리 진행시키기 위해 그랬을 뿐이라는 점을 말씀드립니다. 다만 이때 몇몇 대신들이 보호 조약문을 수정하기를 원해서 그것을 받아들인 것입니다.

김딴지 변호사　죄는 미워해도 사람은 미워하지 말라고 했는데 제 말에 기분이 나쁘셨다면 유감입니다. 다만, 피고가 아량을 베풀듯이 수정을 해 줬다고는 하지만 빼앗긴 외교권을 되찾아올 수 없을 바에 몇 자 고친다고 해서 뭐가 달라지겠습니까? 더 이상 질문할 게 없습니다. 이상입니다.

판사　원고 측 변호인 보기보다 성깔이 있네요. 기분이 몹시 상한 모양입니다. 진정하시기 바랍니다.

　피고 측 변호인에게 묻겠습니다. 어찌 되었든지 간에 보호 조약문이 최종적으로 수정, 보완된 뒤에 다시금 원고에게 보이지 않았습니까?

나카무라 변호사　원고에게 수정한 조약 내용을 보이자, 원고는 이를 살펴본 뒤 절차상 문제는 있지만 대신들이 회의에서 결정한 사항

을사조약 직후 『코리안 뉴스
페이퍼』에 실린 풍자화

을 완전히 거부할 수는 없다고 하면서, "한국이 부강을 이루고 독립
을 유지할 만한 힘을 기르면 조약을 철회한다"는 조항을 넣도록 하
였습니다.

판사　　그럼 원고는 조약 내용을 검토하고 조약 체결을 인정한 것
이 아닙니까? 일본 측 자료에는, "폐하는 특히 만족한다는 말씀을 하
셨다"고도 기록되어 있던데요.

김딴지 변호사　　글쎄요. 아마 일본 측에서 정치적인 효과를 노리고
그렇게 표현한 것이 아닌가 합니다. 고종 황제는 끝까지 보호 조약
문을 거부하였습니다. 그럼에도 불구하고 피고는 고종 황제가 조약
을 재가한 것이라고 우겨 외부대신 박제순, 특명 전권 공사 하야시
곤스케의 이름으로 조인하고 말았습니다.

판사　　그런데 어떤 조약이든지 조인한 뒤에는 비준을 거치게끔 되
어 있는데 그와 관련된 얘기는 없네요.

김딴지 변호사　옳은 지적이십니다. 을사조약은 무장한 일본군이 궁궐을 에워싼 가운데 이토 히로부미의 집요함과 위협, 그리고 꼼수에 의해 체결된 누더기 조약에 불과했습니다. 결코 상호 이해와 존중 속에서 체결된 조약이 아닐뿐더러 고종 황제의 비준도 받지 않았기 때문에 엄연히 말하면 무효입니다. 그뿐이 아닙니다. ▶국제적인 조약임에도 불구하고 조약 이름이 없습니다. 때문에 을사조약은 무효입니다.

나카무라 변호사　판사님, 원고 측 변호인이 무효라고 주장하는 것은 하나만 알고 둘은 모르는 얘기입니다. 당시는 제국주의 시대였습니다. 힘을 앞세워 다른 나라를 식민지로 만들었지요. 굳이 비준을 받지 못하였다고 하여 조약이 무효라고 하는 것은 맞지 않습니다. 특히 한국처럼 국회가 없을 경우에는 황제의 재가만으로도 조약이 성립된다는 점을 말씀드리고자 합니다.

판사　오늘은 을사조약이 체결되기까지의 긴박했던 과정에 대해 들을 수 있었습니다. 다음 재판에선 을사조약의 무효화를 위해 노력하던 고종 황제가 황제의 자리에서 쫓겨나게 되기까지 어떤 일이 있었는지 듣도록 하겠습니다.

　　땅, 땅, 땅!

교과서에는

▶ 고종과 정부 대신들이 강력히 반대했으나 일본은 이완용 등 을사오적을 앞세워 조약 성립을 일방적으로 공포하였습니다. 공식 명칭도 붙이지 못한 채 강제로 체결된 '을사조약'으로 대한제국의 외교권은 강탈되고 말았지요.

황제가 거부한 을사조약

한국 정부 및 일본 정부는 양 제국을 결합하는 이해 공통의 주의를 공고히 하고자, 한국이 부강해졌다고 인정될 때까지 이를 위하여 이 조약을 체결한다.

제1조 일본 정부는 재도쿄 외무성을 경유하여 금후 한국의 외국에 대한 관계 및 사무를 감리·지휘하며, 일본의 외교 대표자 및 영사는 외국에 재류하는 한국의 신민 및 이익을 보호한다.

제2조 일본 정부는 한국과 타국 사이에 현존하는 조약의 실행을 완수할 임무가 있으며, 한국 정부는 금후 일본 정부의 중개를 거치지 않고는 국제적 성질을 가진 어떤 조약이나 약속도 하지 않기로 약속한다.

제3조 일본 정부는 그 대표자로 하여금 한국 황제 폐하의 궐하에 1명의 통감을 두며, 통감은 오로지 외교에 관한 사항을 관리하기 위해 서울에 주재하고 한국 황제 폐하를 친히 내알할 권리를 가진다. 또한 일본 정부는 한국의 각 개항장 및 일본 정부가 필요하다고 인정하는 지역에 이사관을 둘 권리를 가지며, 이사관은 통감의 지휘하에 종래 재한국 일본 영사에게 속하던 일체의 직권을 집행하고 아울러 본 협약의 조관을 완전히 실행하는 데 필요한 일체의 사무를 담당한다.

제4조 일본과 한국 사이에 현존하는 조약 및 약속은 본 협약에 저촉되지 않는 한 모두 그 효력이 계속되는 것으로 한다.

제5조 일본 정부는 한국 황실의 안녕과 존엄의 유지를 보증한다.

다알지 기자

안녕하십니까? 역사공화국 법정 뉴스의
다알지 기자입니다. 저는 지금 고종 황제와 이토
히로부미 의장의 두 번째 재판이 열리고 있는 한국사법정에 나와 있습
니다. 오늘 재판에선 을사조약의 체결 과정과 을사조약이 무효인지 아
니면 유효한지를 둘러싸고 양측 간에 뜨거운 공방이 오갔습니다. 오늘
의 재판에 대해서 양측 변호인으로부터 자세한 내용을 들어 보도록 하
겠습니다.

김딴지 변호사

오늘은 아주 기분이 좋지 않습니다. 국제 간의 조약은 상호 존중과 이해 속에서 체결되어야 마땅합니다. 그런데 이토 히로부미는 무장한 일본군만 믿고 모든 절차와 심지어 고종 황제까지 무시하고 자기 마음대로 보호 조약안을 통과시켰고, 고종 황제의 비준도 받지 않았습니다. 때문에 보호 조약인 을사조약은 엄연히 무효라고 주장합니다.

나카무라 변호사

일본이 한국보다 여러 모로 한 수 위라는 것을 다시 한 번 입증한 재판이었습니다. 을사조약을 체결하는데 한국 측은 객관적으로 아무런 준비도, 대책도, 협상 전략도 없었습니다. 한국은 자신들의 불찰로 을사조약이 체결되었음에도 불구하고 강제로 체결되었다느니 황제에게 비준을 받지 않았다느니 하면서 무효라고 주장하고 있습니다. 하지만 을사조약은 모든 절차를 합법적으로 밟았기 때문에 유효합니다.

왜 고종 황제는 폐위되었을까?

을사조약 즈음의 왕실과
백성들의 모습

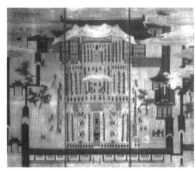

진찬병풍

왕궁 안에서는 왕실과 국가의 중요한 행사 외에도 잔치가 벌어지고는 했습니다. 이는 사치스러운 행사가 아니라 즐거운 일을 축하하고 슬픈 일을 애도하는 일일 뿐이었지요. 그리고 이렇게 잔치가 벌어지면 그 진행 상황을 글과 그림으로 남기곤 했습니다. 이 그림은 고종이 아들인 세자(후의 순종)가 천연두를 앓다가 회복되자 이를 축하하여 잔치를 연 것을 기념하여 그린 그림입니다. 하지만 실제 잔치의 모습을 그리지 않고 1875년에 있었던 세자 책봉과 관련된 의례의 모습을 담았습니다.

황태자 책봉 금책

이 유물은 광무1년인 1897년에 고종 황제가 세자(후의 순종)를 황태자로 삼으면서 하사한 것으로 금으로 만들어졌습니다. 공덕을 기리어 지은 글인 일종의 송덕문을 새긴 것인데, 기존에는 왕비 등에게는 옥으로 만든 옥책을 하사하고, 왕세자 등에게는 죽편으로 만든 죽책을 하사하였지요. 하지만 고종이 왕에서 대한 제국의 황제로 즉위하면서 격상되었다는 상징적인 의미에서 죽편이 아닌 금으로 이를 대신한 것입니다..

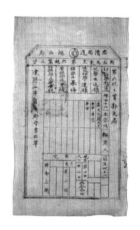

호적표

이 유물은 '호적표'로 19세기 말의 가족 명부라 할 수 있습니다. 조선 시대에는 '호적'이라는 것이 있어서, 각 가정에서 호구 상황을 기록하여 관에 제출하도록 하였지요. 그리고 3년마다 호적 대장을 만들어서 관리하였습니다. 이 호적표를 보면 호주가 누구인지, 나이는 몇 살이고 본관은 어디인지, 직업은 무엇인지 알 수 있습니다. 이외에도 가족들이 모두 기록되어 있지요.

보부상 임원 차정첩

'보부상'은 봇짐장수와 등짐장수를 아울러 이르는 말이고, '임원'은 어떤 단체를 운영하는 일을 맡아 처리하는 사람을 가리키는 말이며, '차정첩'은 사무를 맡기거나 담당하게끔 그 내용을 적은 문서라는 의미입니다. 따라서 이 유물은 봇짐장수와 등짐장수 단체를 운영하는 일을 맡아 하도록 시키는 내용을 적은 문서라고 할 수 있지요. 보부상은 정기 시장을 중심으로 행상하면서 생산자와 소비자 간의 경제를 연결해 주는 중요한 역할을 했습니다.

출처: 국립중앙박물관 소장(중박 201206-3344)

국권 수호를 위한 민족의 움직임

교과연계

역사
VIII. 주권 수호 운동의 전개
　2. 일제의 침략과 의병 전쟁
　　2) 우리 민족은 을사조약에 어떻게 저항하였는가?
　　　─을사조약 반대 투쟁

을사조약 조인에
저항하다

판사　재판을 진행한 지 벌써 한 달이 다 되어 가는군요. 오늘은 세 번째로 마지막 재판이 되겠습니다. 그동안 원고 측은 러일 전쟁 이후 일본의 한국 침략의 부당성과 을사조약의 무효를 주장해 왔고, 피고 측은 러일 전쟁은 약소국인 한국을 보호하기 위한 선택이었으며 을사조약은 당시 국제법상 아무런 문제가 되지 않는다며 유효하다는 입장을 주장하였습니다. 오늘 재판은 그와 연관되는 문제인데요, 원고가 전 세계에 을사조약이 무효라는 것을 알리려다 황제의 자리에서 쫓겨나게 되는데 이에 대한 양측의 입장을 들어 보기로 하겠습니다.

김딴지 변호사　판사님께서 오늘 재판의 핵심을 잘 지적해 주셨습니다. 고종 황제는 을사조약이 체결된 뒤 밤잠을 주무시지 못했습니다. 500여 년의 조선 왕조의 역사가 여기서 끊기는 것이 아닌가 하는 불안감 때문이었습니다.

판사　　원고의 스트레스가 이만저만하지 않았던 것 같습니다. 그럼 한국인들이 을사조약 체결에 대해 어떻게 반대 투쟁을 했는지 살펴보도록 하겠습니다.

김딴지 변호사　　오죽했으면 고종 황제께 원형 탈모증까지 생겼겠습니까? ▶을사조약이 체결된 직후 장지연이 사전 검열을 받지 않고 『황성신문』에 「시일야방성대곡(是日也放聲大哭)」이란 글을 게재하자 온 나라가 발칵 뒤집혔습니다. 풍문으로 떠돌던 얘기가 사실로 드러났기 때문입니다. ▶▶이를 시작으로 전국 방방곡곡에서 일본을 규탄하며 조약 파기를 주장하고 을사오적을 처단하자는 집회가 열렸고, 전·현직 관리와 유생들의 상소가 끊임없이 이어졌습니다.

　그뿐이 아닙니다. ▶▶▶황제의 측근인 시종무관장 민영환을 시작으로 자결 순국이 이어졌습니다. 온 나라가 비통에 빠지고 말았던 것입니다. 이 자리에 민영환 시종무관장을 증인으로 불러 당시 상황을 들어 보기로 하겠습니다.

　시종무관장 제복을 입은 민영환이 담담하게 증인 선서를 하고 자리에 앉았다.

김딴지 변호사　　어려운 걸음을 해 주셔서 감사합니다. 시종무관장께서 순국한 이후 백성들의 추모 열기가 대단했

교과서에는

▶ 장지연은 『황성신문』에 「시일야방성대곡」이라는 제목의 논설을 실어 일본의 침략을 비난하고 민족의 슬픔을 토로했습니다.

▶▶ 이상설, 최익현 등 전직 고관과 유생들은 조약이 무효임을 주장하면서 매국노를 규탄하는 상소를 올렸습니다.

▶▶▶ 고종을 호위하는 임무를 맡고 있던 민영환은 유서를 남기고 자결하였습니다.

습니다. 고종 황제의 최측근이고 고위직을 지낸 분이 을사조약 체결에 책임을 지고 순국하였기 때문에 그랬던 것이 아닌가 합니다. 시종무관장께선 고종 황제와 백성들에게 두 통의 유서를 작성해 남기셨는데요, 자결을 하신 까닭과 유서 내용을 간략히 소개해 주시겠습니까?

민영환　　그러고 보니 내가 죽은 지도 100년이 넘었네요. 을사조약 체결 이후 순국한 인사 50여 명이 모여 '순국회'를 만들었는데 내가 몇 년째 회장을 맡고 있습니다. 한국사법정에서 고종 황제와 이토 히로부미 사이에 재판이 열린다는 소식을 듣고 급히 달려왔습니다. 고종 황제께 조금이라도 도움이 되었으면 하는 마음뿐입니다.

　내가 자결을 택하게 된 것은, 우선 일본에 치욕을 당했다는 울분을 참을 수가 없었고, 신하로서 제대로 황제를 보필하지 못했고 백성들에 대해선 나라를 지키지 못한 것이 죄송스러워서였습니다. 물론 이를 계기로 백성들이 학문에 힘쓰고 마음을 모아 자유 독립국을 회복할 것을 바랐습니다. 유서 내용도 대략 그러합니다.

김딴지 변호사　　자결 순국하시기 전에 을사조약에 관한 상소를 올린 일로 일본군에 **피체**되었다가 풀려났다고 들었습니다. 을사조약에 대해 어떻게 인식하셨습니까?

민영환　　당시 나는 시골에 있다가 을사조약이 체결되었다는 소식을 듣고는 급히 한성으로 올라왔습니다. 주변 사람들로부터 자세한 이야기를 듣고는 피가 거꾸로 솟는 분노를 느꼈습니다. 이에 여러 사람들과 함께 상소하여, 고종 황제의 비준도 받지 않았고 한규설 참정대신도 거부한 만큼 조약 자체가 무효인데 을사오적들이 이를 빙자하여 무슨 짓을 할지 모르니 각국에 을사조약이 무효임을 알리고 국가 민생을 보존하는 데 서두를 것을 아뢰었습니다. 또한 을사오적의 행위는 매국에 해당하니 참형에 처해야 한다고 주장했습니다.

명성 황후의 조카인 민영환

김딴지 변호사 당시 많은 상소가 올라왔다는 얘기를 들었는데요, 다른 분들의 상소는 어떤 내용이었나요?

민영환 대부분 나와 비슷한 내용이었습니다. 대부분 을사조약의 무효화를 주장하고 을사오적을 처벌할 것을 요구하는 상소문이었습니다. 간혹 어떤 이는 서양 국제법인 만국 공법을 거론하면서 강제로 체결된 을사조약은 파기해도 문제없다고 주장하기도 했습니다.

김딴지 변호사 당시 지식인 층은 누구나 같은 생각을 하고 있었던 것 같습니다. 어렵게 시간을 내 주신 민영환 시종무관장님께 감사드립니다.

판사님, 당시 택시를 운전했던 나정보 씨를 증인으로 신청합니다.

나카무라 변호사 판사님, 이의 있습니다. 오늘 재판은 원고의 퇴위와 관련된 것인데 아직도 을사조약과 관련된 증인만을 신청하고 있는데 기각해 주시기 바랍니다.

김딴지 변호사 판사님, 고종 황제의 폐위 문제는 일본의 을사조약에서 비롯된 것입니다. 이와 관련된 증인들을 통해 을사조약에 대한

국민들의 반발이 어느 정도였고 문제가 얼마만큼 심각했는지를 확인시키고자 한 것입니다.

판사   인정합니다. 다만 시간이 너무 지체되고 있으니 짧게 신문하시기 바랍니다.

김딴지 변호사   증인은 유학을 준비하고 있을 때 을사조약이 체결되었다는 사실을 어떻게 알게 되었나요?

나정보   『황성신문』에 게재된 「시일야방성대곡」을 보고 알았고, 사람들의 이야기를 듣고 을사조약 체결 과정에 문제가 있음을 알게 되었습니다.

김딴지 변호사   거리의 분위기가 심상치 않았을 것 같은데요.

나정보   허탈해하는 사람도 있었고 울분을 터뜨리는 사람도 있었어요. 몇 사람씩 둘러서 함께 신문을 들여다보는 모습도 보였고요. 또 시장 상인들은 철시를 하여 분노를 표현했습니다.

김딴지 변호사   상인들이 점포를 닫는게 무슨 효과가 있습니까?

나정보   종로 상가는 한성의 물가를 좌지우지합니다. 상인들이 만약 며칠 점포 문을 열지 않으면 물건이 공급되지 못해 물가가 오르게 되지요. 독립 협회가 해산되었을 때에도 상인들이 철시한 바 있어요.

김딴지 변호사   증언해 주셔서 감사합니다.

「시일야방성대곡」

장지연, 『황성신문』 1905년 11월 20일 자

　지난번 이토 후작이 내한했을 때에 어리석은 우리 인민들은 서로 말하기를, "후작은 평소 동양 삼국의 평화를 주선하겠다고 자처한 사람이라 오늘 내한한 것은 필경 우리나라의 독립을 굳건히 하는 데 도울 방책을 권하기 위한 것이리라" 하여, 인천항에서 한성에 이르기까지 관민 모두가 환영하였다. 그러나 천하 일 가운데 예측키 어려운 일도 많구나. 천만 뜻밖에 5조약이 어찌하여 제출되었는가. 이 조약은 비단 우리 한국뿐만 아니라 동양 삼국이 분열을 빚어 낼 조짐인즉, 그렇다면 이토 후작의 본뜻은 어디에 있었던가?

　그것은 그렇다 할지라도 우리 대황제 폐하의 뜻이 강경하여 거절하였기 때문에 조약이 성립되지 않았다는 것은 이토 후작 스스로도 잘 알았을 것이다. 그러나 슬프도다. 저 개돼지만도 못한 소위 우리 정부의 대신이란 자들은 자기 일신의 영달과 이익이나 바라면서 위협에 겁먹어 머뭇거리거나 벌벌 떨며 나라를 팔아먹는 도적이 되기를 감수했던 것이다.

아, 4000년의 강토와 500년의 사직을 일본에게 들어 바치고 2,000만 생령들로 하여금 남의 노예 되게 하였으니, 저 개돼지보다 못한 외부대신 박제순과 각 대신들을 깊이 꾸짖어야 함은 말할 것도 없지만, 명색이 참정대신이란 자는 정부의 수석임에도 단지 부(否) 자로써 책임을 면하여 이름거리나 장만하려 했단 말이냐.

김청음*처럼 통곡하며 문서를 찢지도 못했고, 정동계**처럼 배를 가르지도 못해 그저 살아남고자 했으니 그 무슨 면목으로 강경하신 황제 폐하를 뵈올 것이며 그 무슨 면목으로 2,000만 동포와 얼굴을 맞댈 것인가. 아! 원통한지고, 아! 분한지고. 우리 2,000만 동포여, 노예 된 동포여! 살았는가, 죽었는가? 단군, 기자 이래 4,000년 국민 정신이 하룻밤 사이에 홀연 망하고 말 것인가. 원통하고 원통하다. 동포여! 동포여.

* 김청음 조선 중기의 문신 김상헌으로, 병자호란 당시 최명길이 작성한 항복 문서를 찢고 통곡하였습니다.
** 정동계 조선 중기의 문신으로 병자호란 때 척화를 주장하다가 화의가 이루어지자 이조참판 직을 사직하고 덕유산에서 은거하다가 5년 만에 죽었습니다.

2 한국과 수교한 나라에 도움을 청하다

판사   당시 한국 백성들이 을사조약에 대해 어떻게 인식했고 대응했는지를 파악할 수 있었습니다. 그런데 원고가 을사조약을 인정하지 않았다면 그냥 손 놓고 있지는 않았을 것 같은데요.

김딴지 변호사   고종 황제는 을사조약이 체결된 뒤 이를 무효화시키기 위해 여러 방안을 모색했습니다. ▶하나는 각지의 유생들에게 밀지를 내려보내 의병을 일으키도록 한 것이고, 다른 하나는 한국과 국교를 체결한 나라에 도움을 청한 것이었습니다.

판사   내가 사건을 담당한 뒤에 인터넷 토론 광장 '아고라'에서 원고와 관련된 글을 몇 개 읽었는데, 원고에 대한 평가가 양쪽으로 극명하게 갈려 어떤 인물인지 판단하기 어려웠습니다. 그런데 그동안 원고 측 변호인과 증인들의

교과서에는

▶ 고종은 조약 체결이 무효임을 선언하였습니다. 특히 미국에 헐버트를 특사로 파견하여 지원을 요청하였지요.

왜 고종 황제는 폐위되었을까?

변론을 듣고 보니 강단 있고 추진력이 있던 인물로 여겨집니다.

나카무라 변호사　판사님, 그 사이에 원고와 절친이 되신 것 같습니다. 어느 한쪽에 치우치시면 공정한 판결을 내리는 데 방해가 될까 염려스럽습니다. 저희 피고 측에도 관심을 기울여 주시기 바랍니다.

판사　죄송합니다. 나도 모르게 그만 중도를 지키지 못했군요. 물론 추밀원 의장 이토 히로부미 백작도 존경합니다. 예전에 일본의 1,000엔짜리 화폐의 주인공이지 않았습니까?

원고 측 변호인은 계속 변론하시기 바랍니다.

김딴지 변호사　알겠습니다. 의병 활동에 대해서는 '열려라, 지식 창고'를 통해 보충하도록 하고, 외교와 관련된 사항만을 중심으로 변론하겠습니다. 당시 고종 황제는 구미 열강에 특사를 보내 을사조약의 불법성을 규탄하고 한국 독립을 지원해 줄 것을 호소하곤 하였습니다. 이와 관련하여 원고에게 질문하고 싶습니다.

판사　허락합니다. 원고는 질문에 답해 주시기 바랍니다.

김딴지 변호사　고종 황제께선 을사조약이 무효임을 알리기 위해 외국에 여러 번 특사를 파견했던 것으로 알고 있는데, 그에 대해 말씀해 주셨으면 합니다.

고종 황제　네, 나는 을사조약을 저지하기 위해 미국 루스벨트 대통령에게 친서를 보냈어요. 친서를 전달한 특사는 미국 선교사인 헐버트로, 나를 여러 모로 도와 주었던 사람입니다. 명성 황후가 시해되었을 때는 내

한국의 독립을 위해 헤이그 특사로 참석한 헐버트

침전에서 불침번을 서기도 했지요.

김딴지 변호사 친서는 어떤 내용이었나요?

고종 황제 한국과 일본 양국 간에 체결된 을사조약은 총칼의 위협과 강요하에 이뤄진 것이기 때문에 무효이고, 나는 이에 동의한 적이 없고 앞으로도 결코 동의하지 않을 것이라는 내용이었지요. 그런데 헐버트가 백악관으로 가서 내 특사 자격으로 면담을 요청하였지만 끝내 거절당하였다고 들었어요.

김딴지 변호사 루스벨트 대통령이 무슨 이유로 특사의 면담을 거절했습니까?

고종 황제　나중에 안 사실이지만, 미국과 일본은 이미 가쓰라-태프트 밀약을 통해 일본이 한국을 '보호국화'하는 것을 인정하고 있었던 것입니다. 이러한 이유로 을사조약 체결 이후 미국은 어느 나라보다도 먼저 한국 주재 공사관을 철수하기도 했습니다.

김딴지 변호사　증인에게 내린 특명은 그것뿐이었습니까?

고종 황제　아니요. 1906년 6월에는 미국, 영국, 프랑스, 독일, 러시아 등 9개국 원수들에게 협조를 구하고, 헤이그의 국제 사법 재판소에 한국 문제를 제소하라는 내용의 밀서를 내렸어요. 헐버트는 내 안타까운 마음을 잘 알기에 어떻게든 일을 성사시키려고 애썼지만 모두 허사로 돌아가고 말았지요. ▶일본의 집요한 방해로 여러 나라에서 이미 을사조약을 기정사실로 받아들였던 것으로 생각됩니다. 나는 헐버트를 통하지 않고 개인적으로도 각국에 밀서를 보냈습니다.

김딴지 변호사　그렇습니까? 언제 어느 나라에 밀서를 보내셨는지 혹 기억하고 계시는지요?

고종 황제　내가 어찌 그것을 잊을 수 있겠소. 1880년대에 한국과 국교를 체결하여 서로 어려울 때 도와주기로 약속한 나라에 보냈어요. 아마 1906년 1월 통감부가 설치되기 전이었을 겁니다. 통감부가 설치되고 이토 히로부미가 통감으로 부임하면 내가 외국에 도움을 청하기가 어려워지지 않을까 하는 마음에서 좀 서둘렀습니다.

　내가 밀서를 보낸 나라는 독일, 프랑스, 러시아,

교과서에는

▶ 고종의 외교적인 노력은 열강이 일본의 한국 지배를 인정하고 있던 세계 정세 속에서 성공을 거두지 못하고 맙니다.

오스트리아 등이었어요. 내가 이번 재판에 증거 자료로 제출하려고 해당 국가에 협조 요청 공문을 보냈는데, 마침 어제 독일에서 관련 자료가 도착했군요.

김딴지 변호사　밀서에는 어떤 내용이 담겨 있었나요?

고종 황제　내용은 대부분 비슷했는데, 한국이 강대국 일본에 외교권을 박탈당하고 독립을 위협받고 있는 상황을 전하고, 독일이 다른 강대국들과 함께 한국의 독립을 보장해 줄 것을 당부하는 것이었습니다.

　그뿐만 아니라 일본 측 감시를 피해 영국『런던 트리뷴』기자 더글러스 스토리에게도 '짐이 을사조약에 동의 및 조인하지 않았다'는 내용의 밀서를 보내기도 했지요. 서구 각국에서 밀서에 대해 아무런 답변을 주지 않아 섭섭한 마음이 들기도 했는데, 스토리 기자는 내 뜻을 저버리지 않았어요. 글쎄『런던 트리뷴』3면 머리기사로 "한국의 황제는 실질적으로 포로의 신세이며 을사조약은 황제의 재가를 받지 않았다"는 기사가 실리고 6개 항의 밀서 내용도 영문으로 소개되지 않았겠소. 이 기사 덕분에 영국 '로이터' 통신을 통해 을사조약 체결의 부당함이 전 세계에 알려지게 되었고, 내가 조금은 체면치레를 한 셈이지요.

김딴지 변호사　독일에서 보내온 밀서와『런던 트리뷴』등 2점을 증빙 자료로 제출합니다.

판사　피고 측 변호인에게 묻겠습니다. 원고가 이렇듯 여러 나라에 도움을 청했는데 일본은 이를 알지 못했습니까?

나카무라 변호사   고종 황제가 워낙 비밀리에 추진할 일이라 미처 알지 못했습니다. 이번 재판을 위해 관련 자료를 수집하면서 적이 놀랐습니다. 아마 이러한 사실들을 알았으면 고종 황제의 폐위도 좀 더 빨라지지 않았을까 생각합니다. 왜냐하면 을사조약에 따르면 오로지 일본을 통해서만 다른 나라와 접촉할 수 있는데 이를 위반하였으니 중대 범죄에 해당하는 것입니다.

김딴지 변호사   아니, 피고 측 변호인은 무슨 망발을 그리하십니까? 지금껏 을사조약이 무효라고 주장했고 사실이 그러한데, 어찌 위법이라 운운하며 고종 황제를 모욕하는 겁니까? 판사님, 피고 측 변호인의 사과를 요구합니다.

을사 의병이 전개되다

을사조약에 반대한 한국인들은 항의의 표시로 자결하는가 하면, 이른바 '을사오적'을 비롯한 친일파를 처단하기 위해 오적 암살단이나 결사대를 조직 하였습니다. 또한 이 시기를 전후하여 고종 황제의 밀지를 받고 의병이 일어 났습니다. 을사 의병은 을사조약이 체결되기 전후에 일어났다고 하여 중기 의 병이라 일컫기도 합니다.

을사 의병 중 규모가 제일 크고 가장 치열하게 항전을 벌인 의병진은 민종 식, 안병찬 등이 주축이 된 충청도 홍주 의병이었습니다. 민종식은 여흥 민씨 로 충청남도 정산에 낙향해 있던 중 을사조약이 체결되었다는 소식을 듣고 상 경하여 을사조약의 부당함을 호소하는 상소 운동을 전개하려 했으나 뜻을 이 루지 못했지요. 이후 민종식은 홍주 의병을 일으켜 한때 홍주성을 점령하는 등 기세를 올렸으나, 막강한 화력으로 무장한 일본군에 의해 처참하게 무너지 고 말았습니다.

전북 태인에서는 전 참찬 최익현이 고종 황제의 밀지를 받고 임병찬 등과 함께 의병을 일으켰습니다. 하지만 의병 부대가 전주, 남원 진위대와 대치하 게 되자, 최익현은 동족끼리 죽이는 일은 못하겠다며 싸움을 중단시킨 뒤에 의병을 해산시켰어요. 그 뒤 최익현 이하 임병찬, 고석진 등이 진위대에 붙잡 혔고, 일본 측에 의해 쓰시마 섬으로 유배되었습니다. 그는 그곳에서 "일본인 이 주는 밥을 먹을 수 없다"며 단식 항거하다 굶어 죽고 말았지요. 최익현의 순국은 이후의 의병 봉기에 커다란 영향을 미쳤습니다.

영남에서는 영천의 정환직, 정용기 부자가 산남의진을 결성하였고, 경북 평해, 영해 일대에서는 신돌석 의병진이 유명하였습니다. 특히 신돌석은 평민 신분으로 의병을 모아 산남의진과 함께 힘을 합쳐 동해안 여러 곳에서 의병 운동을 펼쳤지요.

을사 의병은 전국적인 규모로 확산되다가 1907년 군대 해산 이후에는 해산된 군인까지 합세함으로써 보다 확대 발전된 구국 항일전인 후기 의병으로 이어지게 됩니다.

3

만국 평화 회의에
특사를 파견하다

판사　피고 측 변호인은 주의해 주세요. 아직 그와 관련된 사항은 재판 중에 있으니 피고 측 변호인은 섣불리 결론을 내리지 마시기 바랍니다.

이제 원고의 폐위와 직접적으로 관련이 있는 헤이그 특사 파견에 관한 이야기로 넘어가도록 하겠습니다.

김딴지 변호사　헤이그 특사 파견은 고종 황제가 비밀리에 진행했기 때문에 관련 자료를 찾기 어렵습니다. 이와 관련하여 고종 황제에게서 전반적인 진행 상황을 들어 보는 것이 좋을 듯합니다.

판사　인정합니다. 원고는 나오셔서 상황을 설명해 주시겠습니까?

고종 황제　내게 이런 기회를 주신 판사님께 감사드립니다.

1906년 2월경에 만국 평화 회의가 개최될 것이라는 소식을 들었는데, 그해 4월경에 러시아의 니콜라이 2세가 극비리에 초청장을 보내왔습니다. 나는 좋은 기회라 여기고, 측근인 이용익과 이상설에게 특사 자격으로 회의에 참석하도록 지시를 내렸어요. 그런데 이들이 러시아 블라디보스토크에서 머물며 이것저것 준비하던 차에 별안간 회의 자체가 취소되었습니다. 나는 아연실색하고 말았지요. 마지막 희망마저 사라지는 것 같아 암담해지더군요.

통감부가 들어선 뒤로는 나에 대한 감시가 부쩍 심해져서 나는 거의 경운궁 중명전에 감금당한 신세가 되고 말았습니다. 어느 누구도 마음대로 만날 수 없을 뿐만 아니라 인터넷, 핸드폰도 없으니 외부와는 완전히 차단된 상황이었지요. 생각해 보면 김대중, 김영삼 전 대통령들보다 내가 당한 **가택 연금**이 더 심했던 것이 아니었나 싶습니다.

나카무라 변호사　판사님, 굳이 원고로부터 그 과정을 일일이 들어야만 합니까? 그와 관련된 얘기들은 매우 사소한 것들이기 때문에 별 의미가 없다고 여겨집니다.

판사　사건 전말에 대해 당사자로부터 이야기를 듣는 것은 재판을 진행하는 데 있어 매우 중요하다고 여겨집니다. 피고 측 변호인도 잘 들어 두었다가 의문 나는 것이 있으면 물어 보세요. 다만 시간이 많이 흘렀으니 원고는 간략히 설명하시기 바랍니다.

고종 황제　내가 너무 장황하게 설명하는 바람에 피고 측 변호인의 신경을 건드린 모양입니다. 저도 다리도 아프고 하니 간략히 말씀드

가택 연금
외부와의 접촉을 제한, 감시하고 외출을 허락하지 않으나 일정한 장소 내에서는 신체의 자유를 허락하는 형태의 감금을 말합니다.

리겠습니다. 자세한 사항은 '열려라, 지식 창고'를 통해 알려 드릴 테니 참고하시기 바랍니다.

이렇듯 암담한 상황에서 제2차 만국 평화 회의가 개최된다는 소문이 들려 다시금 희망이 엿보였습니다. 그런데 불행하게도 이용익이 암살되면서 계획에 차질이 생기게 되었습니다. 이때 내 머릿속에 떠오른 인물이 바로 이준이었지요. 그는 국가 공무원 7급 검사에 불과했지만 나에 대한 충성심과 국가관이 뚜렷하여 평소 믿고 아꼈던 인물이에요. 나는 이상설, 이준, 이위종 등을 만국 평화 회의 특사로 파견하면서 부디 성공하기를 기도했어요.

판사 헤이그 특사 파견에 대해 자세히 말씀해 주신 원고께 감사드립니다. 지금부터는 양측 변호인의 변론을 들어 보도록 하겠습니다. 누가 먼저 할까요?

나카무라 변호사 판사님, 제가 먼저 하겠습니다. 원고에게 묻겠습니다. 원고가 추진한 헤이그 특사 파견은 엄연히 한일 양측이 체결한 을사조약 제2조, "한국은 금후 일본의 중개 없이는 다른 나라와 조약이나 약속을 맺어서는 안 된다"는 항목을 위반한 행동입니다. 즉 한국은 더 이상 독자적으로 외교 활동을 펼칠 수 없음에도 불구하고 만국 평화 회의에 특사를 파견한 것입니다. 잘못을 인정하십니까?

고종 황제 내가 한국의 황제로서 국권을 지키고자 했던 최선의 선택이었소. 일본이 일방적으로 을사조약을 선포했다고 해서 내가 그것을 따라야 할 이유가 없어요. 즉, 내가 한국의 황제로서 다른 나라와의 외교권을 행사한 것은 전혀 문제될 것이 없소이다.

나카무라 변호사　을사조약은 정당하게 체결되었고 절차상의 문제도 없었기 때문에 유효하다는 점을 다시 한 번 말씀드리고자 합니다. 그런데 원고는 특사들이 임무를 완수할 것이라고 믿었습니까?

고종 황제　좀 염려되긴 했어요. 하지만 개최국인 러시아 황제의 초대장도 있고, 우리가 처한 상황을 만천하에 알릴 수 있다면 당장 독립국으로 인정받긴 어려울지라도 각국의 도움을 받을 수 있을 거라고 생각했어요.

나카무라 변호사　아시겠지만, 특사들은 초대장도 없었고, 을사조약에 의해 외교권이 일본에 있는 만큼 회의장에는 입장조차 하지 못했습니다. 괜한 일을 했다는 생각은 안 드시는지요?

고종 황제　특사들이 회의장에 입장하지 못했다는 소식을 듣고 매우 비통했소. 그런 가운데서도 다행히 6월 27일 자 국제 협회 회보(『Courrier de la Conférence』)에 특사들에 관련된 내용이 게재됨으로써 한국에 대한 일본의 선전이 허구임을 밝힐 수 있었던 점은 무척 위

1907년 6월 27일 자 국제 협회 회보. 사진 왼쪽부터 이준, 이상설, 이위종.

안이 되었어요. 그런데 돌연 이준 검사가 이역만리 타향에서 사망했다는 소식을 듣고는 더욱더 책임을 통감하였지요. 그들을 다시 만나 경의를 표하지 못했던 점이 아쉬움으로 남소.

김딴지 변호사   판사님, 피고 측 변호인이 원고를 죄인 다루듯이 추궁하고 있습니다.

판사   인정합니다. 피고 측 변호인은 원고에게 예의를 갖춰 주기 바랍니다.

왜 고종 황제는 폐위되었을까?

고종 황제의 헤이그 특사
위임장 내용은?

대황제는 칙하여 가로되 우리나라의 자주 독립은 천하 열방에 공인하는 바라. 짐이 지난번에 여러 나라와 더불어 조약을 체결하고 서로 수호하기로 하였으니 무릇 만국 회의가 열리는 곳에 사람을 보내 참석하도록 하는 것이 응당한 도리이나, 1905년 11월 18일 일본이 우리나라에 대하여 공법을 위배하며 비리를 자행하고 협박하여 조약을 체결하고 우리의 외교 대권을 강탈하여 우리의 열방 우의를 단절케 하였다. 일본의 사기와 능욕과 업신여김이 끝이 없을뿐더러 공리에 어그러지고 인도에 위배하는 것이 또한 다 기록할 수 없다. 짐의 생각이 이에 미쳐 참으로 통한을 느끼는 바이다.

이에 종2품 전 의정부 참찬 이상설, 전 평리원 검사 이준, 전 주러 공사관 참서관 이위종을 파견하여 네덜란드 헤이그 평화 회의에 참석토록 하여 본국의 제반 힘든 사정을 알리고 우리의 외교권을 다시 찾게 하며 우리의 열방과의 우의를 다시 찾도록 하노라.

짐이 생각건대 신들이 본디 성품이 충실하여 이 임무에 과감하게 나서 마땅히 주어진 임무를 온당하게 이룰 줄로 안다.

대한 광무 11년(1907) 4월 20일 한양 경성 경운궁에서 친서하고 옥새를 찍노라.

4

고종 황제를
강제로 폐위시키다

김딴지 변호사　　감사합니다. 오랜만에 피고에게 당시 상황에 대해
질문하겠습니다. 피고는 고종 황제가 만국 평화 회의에 특사를 파견
하려 한다는 것을 언제 알게 되었습니까?

이토 히로부미　　고종 황제가 만국 평화 회의에 특사를 파견하려고
한다는 것은 1907년 5월경에 이미 알았습니다. 당시 블라디보스토
크 주재 일본 무역 사무관으로부터 이상설, 이준 등이 만국 평화 회
의에 참석하여 각국 위원들에게 한국 독립을 위한 운동을 할 것이라
는 첩보를 입수했습니다.

김딴지 변호사　　그럼 피고는 한국의 특사들이 만국 평화 회의에 참
석하고자 한다는 것을 알고 어떤 조처를 취했습니까?

이토 히로부미　　나는 특사들이 만국 평화 회의에 참석하는 것만 막

으면 된다고 생각했습니다. 정작 중요한 것은, 그들이 진짜로 고종 황제의 칙명에 따라 움직였는지를 확인하는 것이었어요.

김딴지 변호사   왜 고종 황제의 칙명인지 여부가 중요하다고 생각했습니까?

이토 히로부미   만약 각 개인이 움직인 것이라면 별 문제 없겠으나, 고종 황제가 보낸 것이 확실하다면 문제가 달라지기 때문입니다. 그 경우 을사조약을 위반한 것이니만큼 이를 문제 삼아 적당한 조치를 취할 수 있을 것이라고 판단했지요.

김딴지 변호사   그런데 피고의 생각과는 달리 일본 정부 내에서는 특사 파견 자체를 막지 못한 피고에게 책임을 물어야 한다는 얘기가 흘러나왔다고 하던데요. 이를 무마하기 위해 혹시 고종 황제의 퇴위를 계산하고 있었던 것은 아닌가요?

이토 히로부미   고종 황제는 은밀히 일본에 대해, 아니, 나 이토 히로부미에 대해 계속 저항하고 있어서 아주 애를 먹고 있었습니다. 고종 황제를 제거하지 않고서는 한국을 식민지로 만들기 어렵겠다는 판단을 한 것은 사실입니다만, 구체적으로 구상한 바는 없습니다.

김딴지 변호사   그런데 정통한 소식통에 의하면, 피고는 고종 황제 폐위를 기정사실로 만들고 일본 외무대신에게는 이번 사건을 계기로 고종 황제의 책임을 추궁하여 한국의 정권을 빼앗을 좋은 기회로 삼아야 한다는 의견을 전달했다고 하는데 사실입니까?

이토 히로부미   글쎄요. 잘은 모르겠지만, 이완용 총리대신이 나를 찾아와서는 고종 황제를 양위토록 하는 것이 한국을 보전하는 최선

양위
임금의 자리를 물려준다는 뜻입
니다.

책이라고 생각한다면서 나의 의견을 묻기는 했었습니다.

김딴지 변호사　이완용이 아무리 친일파의 대명사로 이름을 날리고 있다 할지라도, 고종 황제를 오랫동안 모신 신하로서 배은망덕하게 그렇게 했겠습니까? 피고가 자신의 잘못을 감추기 위해 이완용을 핑계로 대고 있는 것이 아닙니까?

나카무라 변호사　원고 폐위에 이완용 총리대신의 역할이 컸다는 점은 누구나 인정하는 바입니다. 이와 관련하여 이완용 총리대신을 증인으로 신청합니다.

판사　원고 측에서 먼저 이완용 총리대신을 증인으로 신청할 줄 알았는데 피고 측에서 요청하는군요. 인정합니다.

이완용　거짓 없이 성실히 진술하고 위증할 경우에는 죄를 달게 받겠습니다.

나카무라 변호사　증인으로 나오기가 쉽지 않았을 텐데 출석해 주셔서 감사합니다. 증인은 을사조약 체결 직후 테러를 많이 당했지요?

이완용　말씀 마십시오. 집이 불타고 죽을 고비를 한두 번 넘긴 게 아닙니다. 이때마다 일본 측에서 저의 신변을 보호해 줘서 겨우 목숨을 건질 수 있었습니다. 지금도 그 은혜를 잊지 못하고 있습니다.

나카무라 변호사　이미 오래전의 일인데도 쉽게 잊지 못하시는 모양입니다. 진정하시고 몇 가지 여쭙겠습니다. 원고가 헤이그에 특사를 파견한다는 사실

한일 병합 조약을 체결하는 데 앞장선 대표적인 친일파 이완용

을 알았습니까?

이완용　처음에는 전연 몰랐습니다. 만약 고종 황제가 만국 평화 회의에 특사를 파견한다는 사실을 제가 애초에 알았다면 극구 말렸을 것입니다. 을사조약을 위반할 경우 일본이 어떻게 나올지 염려스러웠을 테니까요.

나카무라 변호사　헤이그에 특사를 파견했다는 것은 언제 알았습니까?

이완용　헤이그 특사 사건이 터지고 며칠 지난 뒤에 이토 히로부미 의장이 통감 관저로 나를 불렀습니다. 그때 이토 히로부미 의장이 어디서 입수했는지 고종 황제가 러시아 황제에게 보낸 친서 원본을 내보이면서 저를 추궁했습니다. 이는 적대적 행위로 일본이 한국에 선전 포고를 할 수 있는 충분한 사유가 된다며 다그쳤어요. 이토 히로부미 의장이 그처럼 화를 내는 것은 처음 보았습니다.

그 자리를 나와 큰일이 일어날 것 같은 생각에 대신들과 함께 급히 고종 황제에게 달려가서 사건에 관해 여쭈었습니다. 그런데 고종 황제는 "나는 이 사건과는 아무 관계가 없고 헤이그에 있는 자들이 밀서를 위조한 것"이라고 주장하면서, 대신들에게 사태를 수습할 방책을 마련하라고 지시했습니다.

나카무라 변호사　원고가 특사 사건과 무관하다고 말하였다고 했는데, 증인은 그 말을 믿었습니까?

이완용　친서에 대해 별로 의심하지 않았기 때문에 고종 황제의 발언을 신뢰하지는 않았습니다. 오히려 고종 황제가 특사들을 보냈

다는 확신이 들었습니다.

고종 황제   판사님, 그와 관련하여 한마디 해도 되겠습니까?

판사   네, 말씀하십시오.

고종 황제   정치 9단인 이완용 총리가 내 심정을 이해하지 못한 것이 아니라 안 한 것이라 생각됩니다. 이완용 총리는 친서가 진본인지 사본인지를 먼저 검증했어야 함에도 그러지 않고 진본으로 믿었다니 유감입니다. 내가 보낸 게 사실이라면 일본 정부가 나를 그대로 두지 않을 것이라는 점은 불을 보듯 뻔한 일이 아니었겠습니까? 이완용 대신이 사태가 심각해질 것임을 몰랐을 리 없지 않습니까?

이완용　솔직히 말씀드려서 소신은 고종 황제의 안위보다는 국가의 안위를 먼저 걱정했습니다. 일본이 곧바로 한국을 식민지로 만들지나 않을까 걱정하였을 뿐입니다. 당시 이토 히로부미 통감도 특사 사건과 관련해서 매우 난처한 상황이었습니다. 그렇지 않아도 일본 정부 내에서 이토 히로부미 통감에 대해 직무에 소홀하고 유약하다는 평가가 나오는 상황에서 특사 사건이 터진 것입니다. 그에 대한 비판이 더욱 거세질 것임은 뻔한 일이었습니다. 이토 히로부미 의장은 제게는 '나의 스승'이었기 때문에 도울 길이 없을까 궁리를 하였습니다.

나카무라 변호사　증인의 말을 듣고 있으니 일본의 어느 대신보다도 더 일본 대신 같은 느낌이 드는군요. 의장을 어떻게 도왔는지 구체적으로 말씀해 주시기 바랍니다.

김딴지 변호사　증인은 한국의 신하입니까, 아니면 이토 히로부미의 신하입니까? 듣자 하니 피고에 대해 매우 우호적으로 발언하고 계신데, 고종 황제께 송구스럽지 않나요?

이완용　뭐라 말씀드리기가……

저는 총리대신으로서 즉시 내각 회의를 소집했습니다. 하지만 어느 누구도 사태를 해결할 방안을 내놓지 못했습니다. 이에 제가 황태자로 하여금 황제의 역할을 대행케 하자는 안을 제시했습니다. 이에 대해 이의를 제기하는 사람이 없었습니다.

나카무라 변호사　그럼 증인이 고종 황제의 양위를 먼저 제기한 게 맞군요. 그런데 누가 이를 주도할 것인지 결정하기가 쉽지 않았을 텐데요.

이완용　맞습니다. 예전에 양위 문제를 제기한다는 건 3족이 처형될 정도의 대역죄였지요. 하지만 '나의 스승'을 위해서 무슨 일이든 못하겠습니까? 제가 직접 나섰습니다. 그날 밤에 곧장 고종 황제를 알현하고 "황실을 비롯한 국가를 유지하기 위해서는 황태자에게 자리를 대리하게 해야 합니다"라고 아뢰었습니다.

나카무라 변호사　원고가 증인의 말을 받아들이기가 쉽지 않았을 텐데요.

이완용　고종 황제는 절대 그럴 수 없다고 역정을 내셨습니다. 그렇다고 물러날 수도 없는 상황이었기 때문에, 제가 다시 내각 회의를 열어 '나라를 구하기 위해 고종 황제가 자리에서 물러날 수밖에 없다'는 결론을 내리고 다시금 고종 황제께 대신들의 뜻을 전달했습니다.

나카무라 변호사　원고의 반응은 어떠했습니까?

이완용　고종 황제는 "신하의 몸으로 어찌 감히 양위를 운운하는가" 하고 크게 화를 내시면서 다시는 그런 말을 입 밖에 내지 말라고 엄명하셨습니다.

　이런 저한테 비판의 화살이 쏟아지는 것은 당연합니다. 하지만 저 또한 신하로서 고종 황제의 입장을 헤아리지 못했던 것은 아닙니다. 다만 국가의 안위를 더 걱정했다는 것을 말씀드리고자 합니다.

나카무라 변호사　어려운 자리임에도 소신을 굽히지 않은 증인께 감사드립니다. 어쨌든 원고의 양위 문제는 이완용 내각 총리대신이 먼저 제기했다는 점이 분명해졌습니다. 피고에게 그 책임을 묻는 것은 정당하지 않다고 생각합니다.

김딴지 변호사　판사님! 이완용 증인에 대한 신문을 요청합니다.

판사　원고 측 변호인이 할 얘기가 많을 것 같습니다. 허락합니다.

김딴지 변호사　여기 서 있는 제가 부끄럽습니다. 한때 고종 황제를 모셨던 사람이 도저히 입에 담을 수 없는 말을 내뱉고 있으니 참을 수가 없습니다. 이완용은 피고의 제자 노릇을 톡톡히 하고 있습니다.

나카무라 변호사　판사님, 원고 측 변호인은 심약한 증인을 위협하고 있습니다. 사건과 관련된 것만 신문하도록 해 주십시오.

판사　기각합니다. 원고 측 변호인의 발언이 증인을 위협할 정도는 아닙니다. 원고 측 변호인은 변론을 계속하세요.

김딴지 변호사　증인은 피고를 보호하기 위해 위증을 하고 있습니다. ▶증인이 고종 황제에게 양위 문제를 거론하기 전에 피고가 일본 정부에 보낸 문서를 보면, '사건'을 기회로 삼아 고종 황제의 '책임을 추궁'하고 한국의 정권을 완전히 빼앗을 '좋은 기회'로 삼아야 한다는 의견이 들어 있습니다.

판사　'사건'이라 함은 헤이그 특사 사건을 말하는 건가요? 그리고 '책임을 추궁'하고 '좋은 기회'로 삼아야 한다는 것은 무엇을 의미하는 건가요?

김딴지 변호사　헤이그 특사 사건을 말하는 것입니다. 이를 빌미로 고종 황제를 양위시키고 기존의 을사조약을 뛰어넘는 강력한 한일 간의 조약을 체결하겠다는 의미입니

교과서에는

▶ 헤이그 특사 파견을 구실로 삼아 일본은 침략에 방해가 되는 고종을 강제로 퇴위시키고자 하였습니다.

다. 그 뒤 피고는 증인 이완용을 불러, 사건의 책임은 고종 황제에게 있고 이는 을사조약을 위반한 것이기 때문에 한국을 상대로 전쟁을 치를 수도 있다고 협박하면서, 이러한 일본 정부의 입장을 고종 황제에게 아뢰도록 했습니다. 증인, 제 말이 틀렸습니까?

이완용 저는 그런 자세한 이야기는 잘 모릅니다. 제 스스로 판단해서 고종 황제의 양위 문제를 해결하고자 한 것뿐입니다.

김딴지 변호사 증인이 계속 자기 갈 길 가겠다는 거군요. 좋습니다. 제 입장은, 피고가 저 못난 총리대신을 이용하여 고종 황제의 양위 문제를 제기한 것이기 때문에 원래의 책임은 피고에게 있다는 것입니다.

나카무라 변호사 원고 측 변호인은 충분한 증거 자료를 제시하지 못하면서 피고가 이완용 총리대신을 사주한 것이라고 주장하고 있습니다. 어느 자료에도 이토 히로부미 의장이 직접 나서서 고종 황제의 폐위를 거론했다고 나오지 않습니다.

김딴지 변호사 아닙니다. 피고가 직접 양위 문제를 거론하지는 않았지만, 이를 염두에 두고 있었던 것은 확실합니다. 증인께 묻겠습니다. 증인이 고종 황제의 양위 문제를 거론했을 때, 피고는 이는 매우 조심스러운 문제라면서 일을 그르쳐 그 책임이 일본에 돌아가지 않도록 해야 한다고 신신당부했다고 하던데, 맞습니까?

이완용 글쎄요, 어디서 들은 얘기인지는 모르겠지만 금시초문입니다.

김딴지 변호사 일본 정부는 고종 황제의 양위 문제가 제자리걸음을 하자, 통감인 피고에게 한국 통치의 모든 권력을 장악하되 고종 황제의 양위 문제는 국가 간 외교 문제가 발생할 수 있으니 한국 측에서 실행하게끔 하라는 통보를 보냈습니다. 증거 자료로 「일본 외무성 기록」을 제출합니다. 피고는 이완용 총리대신이 양위 문제를 촉구하게 함으로써 일본 내에서의 자신에 대한 비판을 잠재우려고 했던 겁니다. 결국 이완용 총리대신은 피고의 꼭두각시 노릇을 한 것에 불과했습니다.

나카무라 변호사 원고 측 변호인은 추측만으로 피고가 고종 황제 폐위를 주도한 것으로 몰아 가고 있습니다. 원고 측 변호인이 「일본 외무성 기록」을 증거 자료로 제시하고 있지만, 이는 일본 정부에서 받은 문서에 불과하다는 점을 말씀드립니다.

김딴지 변호사 그럼, 일본 정부의 지시를 피고가 무시했다는 얘긴가요? 피고 측 변호인은 너무 억지를 부리고 계십니다.

나카무라 변호사 판사님, 피고는 이완용 총리대신이나 원고에게 직접적으로 양위해야 된다고 의견을 제시한 적이 없습니다. 오로지 이완용 총리대신을 비롯한 여러 대신들이 적극적으로 나서서 원고의 양위를 추진한 것입니다.

더욱이 황현이 지은 『매천야록』에 따르면, "이완용이 칼을 빼어 들고 고함을 지르며 '폐하께서는 지금이 어떤 세상이라고 생각하고 계십니까?'라고 협박하였고, 고종 황제는 아무것도 모르는 듯이 묵묵히 앉아 있었다"고 했습니다. 이러한 정황으로 봐서 원고의 양위는 한국의 신하들에 의해 이뤄졌음이 명백합니다. 증거 자료로 『매천야록』를 제출합니다.

김딴지 변호사   피고 측 변호인은 고종 황제의 양위는 피고와는 무관하다는 입장인데요, 당시 실질적으로 권력을 행사하고 있던 인물이 바로 피고입니다. 어찌 그의 의견과 무관하게 양위 문제가 거론될 수 있었겠습니까? 당시 이 문제 때문에 일본에서 외무대신 하야시 곤스케가 급파되었는데요. 지난번에 피고 측 증인으로 증언해 주었던 하야시 곤스케를 증인으로 신청합니다.

판사   허락합니다. 하야시 곤스케 외무대신은 증인석으로 나와 주시기 바랍니다.

　　하야시 곤스케 외무대신은 증인 선서를 한 뒤에 자리에 앉았다.

김딴지 변호사   증인은 당시 무슨 목적으로 한국에 오셨습니까?

하야시 곤스케   헤이그 특사 파견과 관련하여 이토 히로부미 통감과 고종 황제의 거취 문제를 협의하기 위해 왔습니다.

김딴지 변호사   당시 일본 정부 내에서 정해진 해결 방안이나 방침이 있었습니까?

하야시 곤스케   특사 사건이 발생한 이후 이토 히로부미 통감으로부터 정부 훈령을 마련해 달라는 요청을 받고 원로와 각료들이 모여 회의를 열어 여러 의견들을 제시했습니다. 워낙 여러 의견이 분분하고 각자 입장을 주장하는 바람에 이를 하나로 모으지는 못했습니다. 그 가운데는 고종 황제의 양위도 말이 나왔지만 소수 의견에 불과했습니다. 다만 큰 틀에서 '이를 기회로 삼아 한국 내정의 실권을 장악해야 한다'는 데 의견 일치를 보았고, 이를 이토 히로부미 통감에게 일임하기로 하였지요.

김딴지 변호사 한국에 도착하여 이토 히로부미 통감과 무슨 이야기를 나누었나요?

하야시 곤스케 일본에서 7월 15일에 출발했는데, 오는 도중에 강이 넘치는 바람에 열차가 연착되어 7월 18일 밤 7시쯤 한성에 도착했습니다. 도착하자마자 고종 황제를 뵙고 이토 히로부미 통감과 대책을 논의했습니다.

김딴지 변호사 어떤 내용이었습니까?

하야시 곤스케 일본 정부 내에서 합의한 사항과, 모든 걸 이토 히로부미 통감에게 전적으로 일임하기로 했다는 점을 애기했습니다. 그리고 황제의 자리를 황태자에게 양위하게 하고 새로운 조약을 체결해야 한다는 데 의견 일치를 보았습니다. 밤이 늦고 해서 이를 굳이 발표하지는 않았습니다.

김딴지 변호사 감사합니다. 판사님, 고종 황제로서는 하야시 곤스케 외무대신이 한국에 파견된 것 자체만으로도 큰 부담을 느꼈습니다. 그래서 원로대신들의 의견을 듣고자 여덟 명을 불렀지만 세 명만 입궐하였고, 딱히 그들과 대책을 세울 게 없었습니다. 결국 고종 황제는 더 이상 버티지 못하고 7월 19일에 "짐은 지금 군국(軍國)의 대사를 황태자로 하여금 대리하게 한다"며 물러섰지요. 일본 정부는 자신들이 만들어 놓은 을사조약에 "한국 황실의 존엄을 보전할 것"

이라고 해 놓고는 이를 무시하니, 이런 처사가 어디에 있습니까?

판사 듣고 보니 안타깝게 되었군요. 그런데 대리하게 한다고 했다면서 왜 소장에는 폐위라고 되어 있나요?

김딴지 변호사 고종 황제는 양위가 아니라 황태자 대리청정을 시킨 다음 기회를 봐서 복귀하려고 했습니다. 『순종실록』 즉위년 7월 19일 자에는 "(순종이) 명을 받아 대리청정하고 이어서 선위(禪位)받았다"고 기술되어 있습니다. 『통감부 문서』 7월 19일 자에 실린 이완용이 피고에게 보낸 「황태자 집무 대리 조칙 통고 건」에도 고종 황제의 뜻이 양위가 아니라 대리청정이었음을 밝히고 있습니다. 두 책을 증거 자료로 제출합니다.

나카무라 변호사 판사님, 한국의 역사상 살아 있는 왕이 자리에서 물러나 은거하게 되면 새로운 왕은 따로 즉위식을 거행하지 않더라도 단지 대리의 이름으로 국정을 운영하였습니다. 이번 경우에도 황제의 자리를 대리하게 한다는 건 대리가 아니라 양위로 봐야 합니다. '폐위'라는 말은 원고 측에서 만들어 낸 말이고, '양위'가 옳은 표현입니다.

김딴지 변호사 폐위가 맞습니다. 고종 황제는 황태자에게 '대리'하게 한다고 여러 번 밝혔습니다. 그런데 피고와 하야시 곤스케 외무대신 등이 이에 반대하자, 이완용 총리대신 등 대신들이 적극 나서서 고종 황제로부터 강제로 '양위'한다는 동의서를 받아 냈던 것입니다. 이는 결과적으로 폐위와 다를 게 없습니다.

판사 잘 들었습니다. 오늘로서 세 번에 걸친 재판이 모두 마무리

되었습니다. 양측 모두 자신의 입장을 십분 변론해 주셨습니다. 양측 변호인, 여러 증인들, 방청객 여러분, 모두들 수고하셨습니다. 잠시 휴정했다가 원고와 피고의 최후 진술을 듣도록 하겠습니다.

고종 황제의 특사들은
어떤 활동을 벌였나?

　고종의 특명을 받은 특사들은 주한 러시아 공사를 지낸 베베르의 주선으로 황제 니콜라이 2세와 러시아 외무대신을 만나 고종 황제의 친서를 전달했습니다. 러시아 황제는 특사들을 위로하며 힘껏 돕겠다고 약속했지만, 보름 후 러시아 외무부에서는 특사들에게 만국 평화 회의에 참석하기 어렵다고 연락해 왔습니다.

　그들은 다시금 네덜란드 헤이그로 출발했습니다. 6월 25일에 헤이그에 도착했을 때는 이미 45개국 247명이 모인 가운데 만국 평화 회의가 개최된 지 10여 일이 지난 뒤였어요. 특사들은 헤이그 시내 융 호텔에 숙소를 잡고, 옥상에 태극기를 내걸고 공개적으로 활동에 들어갔습니다. 하지만 일본이 한국의 외교권을 가지고 있다고 주장하며 방해하여 회의장에 들어가지 못했지요. 이에 그들은 국제 여론을 통해 일제의 침략과 한국의 요구 사항을 각국 대표들에게 알리고자 애를 썼고, 안타까운 사정을 알게 된 기자들이 관심을 갖기 시작했습니다. 특히 영국 언론인 W. 스테드의 후원으로 『만국 평화 회의보』 1907년 6월 30일 자에 「무슨 이유로 한국을 제외하였는가」라는 논설을 게재했고, 7월 5일 자에는 성명서 전문을 게재했습니다. 이후 이들의 활동은 각국 신문 기자단의 마음을 움직여 기자단의 국제 협회에 초청되었습니다. 이 자리에서 이위종은 유창한 불어로 「한국의 호소(A Plea for Korea)」라는 주제로 열변을 토하여 기자들을 감동시켰지요.

7월 14일 이준은 일본의 방해와 각국의 입장 때문에 회의장에도 들어가지 못하게 되자, 나라를 구할 수 없게 되었다는 자책감과 울분을 참지 못하여 분사하고 말았습니다. 이 일은 국내에도 즉각 알려졌고, 민족 운동계에 큰 반향을 불러일으켰습니다. 이상설과 이위종이 이준의 장례를 치른 뒤에 미국으로 떠나면서 그들의 활동은 무위로 끝나고 말았습니다.

다알지 기자

안녕하십니까? 역사공화국 법정 뉴스의 다
알지 기자입니다. 저는 지금 고종 황제와 이토
히로부미 의장 간의 마지막 재판이 열린 한국사
법정에 나와 있습니다. 재판이 1개월 만에 끝을 맺었
는데요, 아직 최후 진술과 판결이 남아 있기는 하지만 사실상 재판은
끝난 셈이지요. 그래서인지 방청석에 입장하지 못한 많은 사람들이 대
기실에 마련된 TV를 통해 역사적인 법정의 모습을 지켜보았습니다.

오늘 이 자리에는 고종 황제와 이토 히로부미를 지지하여 역사공화
국에서 팬 카페를 만들어서 관리하는 분들을 모시고 오늘 재판에 대한
소감을 들어 보기로 하겠습니다. 먼저 고종 황제의 카페장 나정보 씨
부터 말씀해 주시기 바랍니다.

나정보

　고종 황제에 대해서 무능하고 나약한 왕으로 기억하는 분들이 많습니다. 하지만 이번 재판을 통해 다른 면모를 보게 되셨을 것입니다. 이에 역사공화국에서도 고종 황제를 지지하는 카페를 만들게 되었어요. 저랑 같은 생각을 가진 분이 많은지, 불과 10여 일 만에 카페 회원이 100만 명을 돌파하는 기염을 토했답니다. 고종 황제가 을사조약을 끝까지 거부한 것은 물론이고, 어떻게든 이를 무효화시키기 위해 폐위될지도 모르는 위험을 무릅쓰고 나라를 구하는 데 최선을 다하는 모습에 깊은 감동을 받았습니다. 이번 재판에서 고종 황제가 반드시 승소할 것입니다. 고종 황제 파이팅!!!

고쿠부

　저는 역사공화국에 온 이후로 '이토 히
로부미 팬 카페'의 회장으로 활동하고 있
습니다. 저희 팬 카페에는 아주 오래된 회원
이 많고 회원의 연령대도 다양해요. 이토 히로부
미 씨는 일본 최고의 정치인으로 추앙받는 인물일 뿐만 아니라, 평생
동안 동양의 평화를 위해 노력하셨다고 해도 과언이 아닐 것입니다.
더욱이 개천에서 용 난 경우로, 그는 평민들에게는 본받고 싶은 대상
중 한 분이기도 합니다.

　그런데 세 번에 걸친 재판을 지켜보면서 이토 히로부미 씨를 침략
자로, 파렴치범으로, 꼼수쟁이로 매도하는 것을 보면서 안타까워 눈물
이 날 지경이었습니다. 나약한 한국을 보호하기 위해 그렇게 열심히
일하셨던 분을, 자신들이 못나서 나라 하나 지키지 못한 걸 반성하기
는커녕 무조건 비판만 하는 것을 보면서 한국과 일본이 진짜로 멀게만
느껴졌습니다. 이번 재판에서 이토 히로부미 씨가 반드시 승소하여 그
동안의 마음고생이 싹 사라졌으면 하는 바람입니다.

　왜 고종 황제는 폐위되었을까?

자주적인 독립 국가를 건설하고자 했소
VS
동양의 평화를 꿈꾼 것뿐이오

판사　　한 달여 동안 세 번의 재판을 통해 원고와 피고 측의 변론과
증언을 들었습니다. 마지막으로 원고와 피고의 최후 진술을 듣도록
하겠습니다. 먼저 원고부터 말씀해 주시기 바랍니다.

고종 황제　　재판이 진행되는 동안 많은 생각을 하게 되었습니다.
내가 열두 살의 어린 나이에 왕위에 올라 44년 동안 나라를 통치했
어요. 역대 왕 중에서 랭킹 3위에 오를 정도로 오랫동안 왕위에 있었
지요. 그런데 내가 국왕으로서 '자주적인 독립 국가를 건설하기 위
해, 국민들을 위해 최선을 다했는가?'라는 질문을 스스로에게 던져
보니 자신이 없었습니다. 나라를 왜놈에게 넘겼는데 무슨 할 말이
있겠습니까? 죽어서도 선대왕들에게 왕따를 당하고 있습니다.

　　하지만 저도 할 말은 있습니다. 내가 어렸을 때는 통치 철학이 부

족하여 갈팡질팡하기도 했고, 내 아내가 죽임을 당했을 땐 러시아 공사관으로 잠시 피신하기도 했지만, 경운궁으로 돌아와 내가 황제에 오른 뒤에는 작심하고 한국을 독립 국가로 만들기 위해 불철주야 열심히 뛰었습니다. 광무개혁이라고들 하던데, 이에 대한 평가도 예전과 달라져 나의 노력을 인정해 주는 분위기로 조금씩 변해 가는 것을 보면서 나름 위로를 받고 있습니다.

내 자랑 같아서 광무개혁에 대해 일일이 말하기 부끄럽지만, 이전과는 완전히 다른 나라로 변모해 갔다는 점만 말씀드리겠습니다. 하지만 이 모든 노력이 일본의 대륙 침략에 대한 야욕으로 인해 망가지고 말았습니다.

일본이 대륙 침략을 꿈꾼 것은 임진왜란 당시부터였어요. 섬에 오랫동안 살다 보면 뭍으로 나가고픈 것은 이해가 되지만, 피 흘리는 전쟁을 일으켜 남의 나라를 빼앗으려 해서야 되겠습니까? 하지만 일본은 또다시 청일 전쟁, 러일 전쟁을 일으켜 끝내 자기들의 욕심을 채우고자 했습니다. 어디 그뿐입니까? 중국을 완전히 손아귀에 넣고자 만주 사변, 상하이 사변, 중일 전쟁을 치렀고, 이것도 양에 차지 않아 태평양 전쟁까지 일으켰습니다. 결국 일본은 50여 년 동안 계속해서 전쟁을 치렀지요. 그런데 매번 전쟁을 치를 때마다 한국이 희생양이 되었습니다. 남의 전쟁에 전쟁터가 되었고, 많은 사람들이 희생되었으며, 식민지 시기에는 온 국민이 강제 징병, 강제 징용과 수탈에 시달려야만 했습니다.

내가 국왕의 자리에 있었지만, 실제로 한국이 일본과 비교해 약소국이었다는 것은 인정합니다. 그래서 끊임없이 일본의 침략과 간섭에 시달려야 했고 결국 나라를 빼앗기고 말았습니다. 나는 우리나라를 지키기 위해 중립화를 선언하고 '보호 조약'인 을사조약 체결을 거부했으며, 의병을 일으키고 계몽 운동을 펼쳤고 우리나라와 수교를 맺은 나라에 도움을 청하였습니다. 특히 만국 평화 회의에 특사를 파견하여 일본의 침략상을 고발하고 한국이 독립 국가임을 전 세계에 알리고자 했습니다.

그런데 일본은 우리나라를 얕보고 국제법까지 위반하면서 침략하더니, 이토 히로부미는 소위 '동양 평화론'을 내세워 우리나라를 식민지나 다름없는 '보호국'으로 만들고 나를 폐위시키기까지 했습니다.

이토 히로부미가 주장하는 동양 평화론은 허울뿐입니다. 다른 나라를 침략하고 식민지로 만들면서 동양 평화를 운운하는 것은 당치도 않습니다. 이토 히로부미가 자신의 공적에 대한 욕심을 채우려고 한 것이었을 뿐임을 말씀드립니다. 이상입니다.

판사 원고의 최후 진술을 듣고 있다 보니 절로 나라를 위해 애쓰는 통치자들에게 위로와 응원의 박수를 보내고 싶어집니다. 원고의 최후 진술 잘 들었습니다. 다음으로는 피고의 최후 진술을 듣도록 하겠습니다.

이토 히로부미 통치자들에게 응원의 박수를 보낸다고 하는 판사님의 생각에 동감합니다. 통치자는 나 자신을 버리고 오로지 자기 나라와 국민들만을 생각해야 합니다. 그게 진정한 통치자의 모습입니다. 그런데 과연 원고가 그러한 인물인지는 짚고 넘어가야 할 것 같습니다.

원고가 통치하던 시기는 약육강식의 시대로 강대국이 약소국을 식민지로 만들던 때입니다. 아프리카뿐만 아니라 동남아시아의 대부분 나라들이 영국, 프랑스, 포르투갈, 미국 등의 식민지로 전락하였습니다. 한국도 예외일 수는 없었습니다. 한국은 원고가 개혁 정치를 펼쳐 나름 근대화되었다고는 하지만 여전히 약소국을 면치 못하고 있었습니다. 원고가 나라보다는 자신의 자리에 연연했기 때문에 그러했던 면도 없지 않지만, 더 큰 요인은 독립 국가를 유지할 만한 군사력, 경제력 등을 확보하지 못했기 때문입니다.

때문에 한국은 항시 강대국에 노출되어 있었습니다. 이는 일본에도 부담스러운 일이었습니다. 아시다시피 일본은 섬나라입니다. 침략을 당하면 어디로 물러날 곳이 없지요. 그래서 약소국인 한국을 보호할 수밖에 없었고 이는 동양 평화를 위해 불가피한 선택이었습니다. 한국이 약소국임을 인정하고 순순히 일본의 보호국이 되었으면 큰 분란은 없었을 것입니다. 그런데 이를 거부하는 바람에 일이 커지게 되었습니다.

한국을 생각하는 진심 어린 마음에 동양 평화를 외쳤건만, 한국의 안중근이란 젊은이가 나를 저격하는 바람에 뜻을 이루지 못했습니다. 그 젊은이가 이 법정에 나왔는지는 모르겠지만, 유감스럽다는 뜻을 전하고 싶습니다.

원고는 자신의 잘못을 감추기 위해 남 탓만 하고 있습니다. 원고는 독립 국가를 만들려 했다고 하지만, 자신의 지위만을 염두에 두었기 때문에 국민들의 삶은 여전히 나아지지 않았고 지방관들의 수탈에 민란이 끊임없이 전개되었습니다. 내가 주장한 동양 평화론을 두고 왈가왈부 부정적으로 말하지만, 나는 이렇듯 구렁텅이에 빠진 한국인들을 구하기 위해서 나의 정치력을 최대한 발휘하고자 했던 것입니다. 결코 나 자신의 개인적인 욕심에서 그랬던 것이 아니었음을 말씀드립니다. 이상입니다.

판사 감사합니다. 원고와 피고가 자신들의 생각을 충분히 진술한 것 같습니다. 재판에 참여해 주신 분들 모두 수고하셨습니다. 그동안의 재판을 객관적이고 공정하게 판단하여 4주 후에 판결을 내리도록 하겠습니다. 이만 재판을 마칩니다.

땅, 땅, 땅!

역사공화국 한국사법정 재판 번호 50 고종 황제 vs 이토 히로부미

주문

역사공화국 한국사법정은 원고 고종 황제가 피고 이토 히로부미를 상대로 제기한 한국 침략에 따른 국제법 위반, 을사조약 무효, 폐위의 부당성에 대해서는 원고 승소 판결한다. 다만, 명예 훼손죄에 대해서는 기각한다.

판결 이유

한국이 러일 전쟁 이전에 중립화를 선언했음에도 불구하고 일본이 한국을 침입한 것은 명백한 국제법 위반이다. 비록 이토 히로부미가 최종 결정을 내린 것은 아니지만, 일본 정계의 원로로서 책임을 면하기 어렵다고 본다. 일본이 러일 전쟁에서 승리한 후 피고는 어느 누구보다도 앞장서 한국의 보호국화를 획책하였고 원고와 그 대신들이 거부했음에도 위협하여 을사조약을 체결했다는 사실이 명백하다. 더욱이 원고가 조약에 비준을 하지 않아 을사조약이 무효임에도 불구하고, 만국 평화 회의에 특사를 파견했다는 이유로 원고를 폐위한 것은 부당하다.

다만, 원고가 폐위당한 것을 명예 훼손이라 하기는 어렵다. 원고도 한 나라의 국왕으로서 통치를 잘했다고만 볼 수 없다. 재위 기간이 오래되었다고 통치를 잘하는 것은 아니지만, 정책의 지속성과 정치적인 연륜에 비춰 본다면 나라를 부강하게 만들 수 있는 기회가 있었는데도 이를 충분히 살리지 못한 점이 인정된다.

마지막으로 원고와 피고에게 다음과 같이 주문한다. 원고는 재위 44년 동안 내우외환으로 희생된 수많은 영혼들을 위해 남산에 조그만 사당을 지어 그들을 달래 주길 바란다. 피고는 자신이 주장했던 동양평화론을 완전히 고쳐 써서 진정한 평화를 위한 길을 모색하기 바란다. 또한 원고와 피고는 앞으로 한국과 일본이 가깝고도 먼 나라가 아닌 진정한 동반자가 되도록 혼신의 노력을 경주해야만 할 것이다.

역사공화국 한국사법정 담당 판사 공정한

"대한 제국의 역사를
바르게 전하고 싶었소"

재판이 모두 끝났다.

승소 판결이 나는 순간 고종 황제의 얼굴에 살짝 미소가 감돌았다. 그제야 나는 안도의 한숨을 내쉬었다. 법정을 나오려는데 한결 밝아진 낯빛의 고종 황제가 다가와 나에게 넌지시 말을 건넸다.

"김 변호사, 수고 많았소. 어디 가까운 데 가서 차나 한잔 하는 게 어떻소?"

나 역시 마음의 짐을 벗고 고종 황제와 홀가분하게 그간의 일들을 나누고 싶던 참이었다.

"제가 대접하겠습니다."

"무슨 소리, 당연히 내가 내야지."

법원 근처에 있는 서양식 건물의 찻집으로 들어가 서쪽으로 난 창가 쪽에 자리를 잡았다. 평소 좋아하던 커피 두 잔을 시킨 뒤 조용히 창밖을 보던 고종 황제가 입을 열었다.

"재판을 하면서 내 머릿속에서 항상 맴돌았던 게 뭔지 아오? 아쉬움이오. 부질없는 말이지만, 좀 더 나라를 잘 다스릴 수 있었는데 하는 아쉬움 말이오."

고종 황제의 얼굴엔 진심이 어려 있었다. 커피를 한 모금 마시며 재판에서 있었던 일들에 대해 얘기를 나눈 뒤 우리는 자리에서 일어나 산책을 하기로 했다. 어느덧 해가 졌는지 거리의 가로등이 불을 밝히고 있었다. 큰길 옆에 있는 작은 공원으로 들어서자 선선한 바람이 얼굴을 스쳤다. 그해 8월에 고종 황제를 만났을 때는 무더웠는데, 어느덧 가을의 문턱으로 접어든 것이다.

노랗게 물들기 시작한 은행나무 숲길을 걷던 고종 황제가 뜬금없이 명성 황후가 보고 싶다고 말했다. 고종 황제와 명성 황후는 부부이자 정치적 동반자였기 때문에 오늘 같은 날 더욱 그리운 모양이다.

"내일 홍릉에 있는 명성 황후를 만나러 가야겠소. 내 그동안 재판 때문에 바빠서 찾아가질 못했는데, 그동안의 일도 좀 얘기하고……."

"며칠 묵으시면서 그동안 못 나누었던 얘기를 실컷 나누세요. 돌아오시면 어떻게 지내실 작정이십니까?"

"글쎄, 내 외동딸 아나?"

"덕혜 옹주 말씀이십니까?"

"그렇지. 그 애와 같이 덕수궁에서 지내면서 그곳을 찾는 사람들

에게 궁궐을 소개해 주고, 대한 제국이 어떤 나라였는지 알려 주면서 지낼까 하오."

"그것 좋은 생각이십니다. 그런데 판사님이 내준 숙제는 어떻게 하실 작정이신가요?"

"남산에 사당을 짓는 것 말이오? 당연히 해야지. 내가 재위하는 동안에 자결 순국하거나 의병 운동을 펼치다 죽어 간 수많은 영혼들을 위해 언젠가는 기념사업을 해야겠다고 생각했는데, 오늘 판사가 내 마음을 읽은 것 같소. 내가 사업을 시작하면 좀 도와주시오."

왜 고종 황제는 폐위되었을까?

"물론입니다. 언제든지 불러 주시면 기꺼이 돕겠습니다."

고종 황제와 헤어지고 난 뒤 사무실로 들어와 서류를 정리하는데 A4 박스로 열 개가 넘는다. 그동안의 일들이 주마등처럼 흘러간다. 내가 이런 역사적인 재판에서 변론하여 승소했다는 자부심에 절로 으쓱해진다. 나중에 이 자료들을 사료로 남기기 위해 스캔해야겠다는 생각을 하면서 사무실 문을 나섰다. 훗날 고종 황제와 관련된 역사가 새롭게 써지길 기대하면서…….

을사조약의 현장 중명전

서울 지하철 1호선 시청역이나 5호선 서대문역에서 내리면 찾아갈
수 있는 중명전은 원래 정동 지역의 서양 선교사들의 거주지에 속해
있었다고 합니다. 그러다가 1897년에 현재의 덕수궁인 경운궁이 확장
되면서 궁궐로 편입되었지요.

중명전은 러시아 건축가 사바친에 의해 설계된 서양식 전각으로 원
래의 이름은 '수옥헌'이었습니다. 1904년 경운궁에 불이 난 뒤 고종이
이곳으로 거처를 옮기면서 이름을 '중명전'으로 바꾸었지요. 중명전이
라는 이름은 '광명이 계속 이어져 그치지 않는 전각'이라는 뜻을 담고
있습니다.

세계 열강의 틈바구니에서 격동의 시기를 보내고 있던 대한 제국의
황제인 고종은 이곳에서 집무를 보았습니다. 또한 이곳은 외국 사절을
만나는 장소로도 사용되었지요. 1906년에는 황태자였던 순종과 윤비
의 가례가 이곳에서 거행되기도 하였습니다. 하지만 중명전에서 이름
처럼 광명이 비치는 일만 있었던 것은 아니었습니다. 이곳에서 강압적
이고 불법적으로 을사조약이 체결되었기 때문입니다. 1907년 헤이그
특사로 이준, 이상설, 이위종을 파견한 곳도 바로 이 중명전이랍니다.

이렇게 대한 제국의 숱한 역사적 현장이 되었던 중명전은 2009년

의 복원을 거쳐 2010년부터 전시관으로 일반에게 공개되고 있습니다. 이곳에 가면 을사조약 당시를 짐작하게 하는 여러 유물을 만나 볼 수 있습니다. 특히 전시관 가운데 을사조약 문서가 전시되어 있는데, 황제의 도장이나 서명은 물론 문서의 제목도 없다는 것을 알 수 있지요. 을사조약이 왜 제대로 체결된 조약이 아닌지를 알기 쉽게 정리해 놓은 전시물과, 국권 회복을 위해 노력한 고종과 내외국인들의 자료를 모아 둔 것도 볼 수 있답니다.

찾아가기 **주소** 서울시 중구 정동길 41-4 중명전
운영시간 평일의 경우 오전(10시~12시)에는 자유 관람이나 오후에는 인터넷 사전 예약 관람을 원칙으로 합니다. 주말에는 인터넷 사전 예약 관람을 원칙으로 하고 있습니다.
전화번호 02-732-7524 **참고** www.deoksugung.go.kr

중명전

전시관 내부

『역사공화국 한국사법정 50 왜 고종 황제는 폐위되었을까?』와 관련한 논술 문제를 풀어 봅시다.

※ 다음 제시문을 읽고 물음에 답하시오.

(가) 우리 대황제 폐하의 뜻이 강경하여 거절하였기 때문에 조약이 성립되지 않았다는 것은 이토 후작 스스로도 잘 알았을 것이다. 그러나 슬프도다. 저 개돼지만도 못한 소위 우리 정부의 대신이란 자들은 자기 일신의 영달과 이익이나 바라면서 위협에 겁먹어 머뭇거리거나 벌벌 떨며 나라를 팔아먹는 도적이 되기를 감수했던 것이다.

　아, 400년의 강토와 500년의 사직을 일본에게 들어 바치고 2,000만 생령들로 하여금 남의 노예 되게 하였으니, 저 개돼지보다 못한 외부대신 박제순과 각 대신들이야 깊이 꾸짖을 것은 말할 것 없지만, 명색이 참정대신이란 자는 정부의 수석임에도 단지 부(否) 자로써 책임을 면하여 이름거리나 장만하려 했단 말이냐.

　(……) 아! 원통한지고, 아! 분한지고. 우리 2,000만 동포여, 노예 된 동포여! 살았는가, 죽었는가? 단군, 기자 이래 4000년 국민 정신이 하룻밤 사이에 홀연 망하고 말 것인가. 원통하고

원통하다. 동포여! 동포여.

―장지연, 「시일야방성대곡」

(나) 슬프다. 나라와 민족의 치욕이 이 지경에 이르렀으니 우리 인민은 장차 생존 경쟁 속에서 멸망하리라. 삶을 원하는 자 반드시 죽고, 죽기를 기약하는 자 살아갈 수 있으니, 이는 여러분이 잘 알 것이다. 나 민영환은 죽음으로써 황제의 은혜를 갚고 2,000만 동포에게 사과하노라. 민영환은 죽어도 황천에서 동포들을 돕고자 하니, 우리 동포 형제들이여, 천만 배 기운을 떨쳐 힘써 뜻을 굳게 가지고 학문에 힘쓰며 마음을 합하고 협력하여 우리의 자주 독립을 회복한다면, 나는 지하에서 기꺼이 웃으련다. 아! 슬프다. 조금도 실망하지 말지어다. 우리 대한 동포에게 마지막으로 고별하노라.

―민영환, 「대한 제국 2,000만 동포에게 남긴 유서」

1. (가)는 장지연이 쓴 「시일야방성대곡」이고, (나)는 민영환이 쓴 「대한 제국 2,000만 동포에게 남긴 유서」입니다. (가)와 (나)를 보고 당시의 시대적 상황과 그 시대적 상황에 대응하는 우리 민족의 태도에 대해 써 보시오.

※ 다음 제시문을 읽고 물음에 답하시오.

(가) **제1조** 한일 양국의 항구적이고 변함없는 친교를 유지하고 동양 평화를 확고히 이룩하기 위해 한국 정부는 일본 정부를 확고히 믿고 시정 개선에 관한 충고를 받아들인다.

제2조 일본 정부는 한국 황실을 확실한 친선과 우의로 안전하고 편하게 한다.

제3조 일본 정부는 한국의 독립과 영토 보전을 확실히 보증한다.

제4조 제3국의 침해나 혹은 내란으로 인해 한국 황실의 안녕과 영토의 보전에 위험이 있을 경우, 일본 정부는 속히 정황에 따

라 필요한 조치를 취할 수 있다. 그러나 한국 정부는 일본의 행동을 용이토록 하기 위해 충분한 편의를 제공한다. 일본 정부는 전 항의 목적을 성취하기 위해 군략상 필요한 곳을 정황에 따라 차지하여 이용할 수 있다.

제5조 한국 정부와 일본 정부는 상호 간에 승인을 거치지 않고 뒷날 본 협정 취지에 어긋나는 협약을 제3국과 맺을 수 없다.

제6조 본 협약에 관련되는 미비한 세부 조항은 일본 대표자와 한국 외부대신 간에 정황에 따라 협정한다.

- 한일 의정서

(나) **제1조** 일본 정부는 금후 외무성을 경유하여 한국의 외교를 감리·지휘하며, 일본의 외교 대표자와 영사는 외국에 있는 한국인과 그 이익을 보호한다.

제2조 일본 정부는 한국이 타국과 맺은 조약의 실행을 완수하며, 한국은 금후 일본의 중개 없이는 타국과 조약이나 약속을 맺어서는 안 된다.

제3조 일본 정부는 한국 황제 아래에 통감을 두고, 통감은 외교를 관리하기 위해 한성(지금의 서울)에 주재하여 한국 황제를 친히 내알할 수 있도록 한다. 또한 일본은 한국의 개항장 등에 이사관을 둘 수 있다. 이사관은 통감의 지휘 아래 종래 한국에서 일본 영사가 지니고 있던 직권을 완전히 집행하고, 또한 본 협약을 완전히 실행하기 위한 모든 사무를 담당한다.

제4조 일본과 한국 사이에 체결된 조약이나 약속은 본 협약에 저촉하지 않는 한 계속 효력을 지닌다.

제5조 일본 정부는 한국 황실의 안녕과 존엄의 유지를 보증한다.

- 을사조약

2. (가)는 한일 의정서의 내용이고, (나)는 을사조약의 내용입니다. (가) 와 (나)를 통해 일본이 우리나라에서 얻고자 한 것이 무엇이었는지 당시 시대 상황에 맞게 써 보시오.

　　왜 고종 황제는 폐위되었을까?

해답 1 (가)는 1905년 11월 20일 『황성신문』에 실린 장지연의 「시일야방성대곡」이라는 제목의 논설입니다. '오늘 하루 목 놓아 통곡하노라'라는 뜻의 제목을 가진 이 논설은 일제 침략의 원흉인 이토 히로부미를 비난하고, '을사오적'을 나라를 남에게 팔아 백성을 노예로 만들려는 매국노라고 규정하였습니다. 또 고종 황제가 을사조약을 승인하지 않았으므로 조약은 무효임을 전 국민에게 알렸지요.

　(나)는 고종 황제를 호위하는 임무를 맡고 있던 민영환이 쓴 글로 자결하기 전 동포들에게 남긴 유서입니다. 유서에서 민영환은 황제를 잘 보필하지 못한 것을 사죄하며, 자주 독립을 회복할 것을 국민들에게 당부하였습니다.

　이렇게 을사조약 이후 조약에 반대하는 민족의 움직임이 거세었습니다. 목숨을 걸고 신문에 일본을 비판하는 글을 싣는가 하면, 스스로 목숨을 내놓고 자주 독립을 회복해야 한다고 외치기도 했지요. 이처럼 우리 민족은 강제적이고 굴욕적인 을사조약에 분노하고 또 반대하였습니다.

해답 2 (가)는 1904년 2월 23일 러시아와 전쟁을 일으킨 일본이 대한 제국을 그들의 세력권에 넣으려고 공수 동맹을 전제로 하여 체결한 외교 문서입니다. 한국의 협력을 강요하고 협박하기 위한 조약이었지요. 전체적으로는 대한 제국의 안전을 지킨다는 내용이지만, 이것의 이면에는 일본이 한국의 영토를 자유롭게 사용할 수 있게 한다는 내용을 담고 있습니다. 이는 러시아와의 전쟁에서 유리한 위치를 선점함은 물론, 이후 한국을 침략할 수 있는 발판을 만드는 것이었습니다.

(나)는 1905년 11월 17일에 일본이 대한 제국을 강압하여 체결한 조약인 을사조약의 내용입니다. 이 조약으로 대한 제국은 사실상 일본의 식민지가 되고 말았지요. 식민지화를 위해 외교권을 빼앗고 내정을 장악하는 것을 주요 내용으로 합니다. 사실상 이 조약을 기초로 개항장과 주요 도시에 통감부와 이사청이 설치되어 일본의 식민지 지배의 기초가 마련되었지요.

* 해답은 예시로 제시된 내용입니다.

역사공화국 한국사법정 50

왜 고종 황제는 폐위되었을까?

© 이계형, 2012

초판 1쇄 발행일 2012년 7월 2일
초판 6쇄 발행일 2022년 12월 1일

지은이   이계형
그린이   조환철
펴낸이   정은영

펴낸곳   (주)자음과모음
출판등록   2001년 11월 28일 제2001-000259호
주소   10881 경기도 파주시 회동길 325-20
전화   편집부 (02) 324-2347 경영지원부 (02) 325-6047
팩스   편집부 (02) 324-2348 경영지원부 (02) 2648-1311
이메일   jamoteen@jamobook.com

ISBN 978-89-544-2350-2 (44910)

과학공화국 법정시리즈 (전 50권)

생활 속에서 배우는 기상천외한 수학·과학 교과서!
수학과 과학을 법정에 세워 '원리'를 밝혀낸다!

이 책은 과학공화국에서 일어나는 사건들과 사건을 다루는 법정 공판을 통해 청소년들에게 과학의 재미에 흠뻑 빠져들게 할 수 있는 기회를 제공한다. 우리 생활 속에서 일어날 만한 우스꽝스럽고도 호기심을 자극하는 사건들을 통하여 청소년들이 자연스럽게 과학의 원리를 깨달으면서 동시에 학습에 대한 흥미를 가질 수 있도록 구성하였다.